松亭 金赫濟 校閱

經筵懸吐

史記五選 全

明文堂

櫟 도토리 력　蘄 숑검초 근

經筵懸吐 史記五選

項羽本紀

項籍者ᄂᆞᆫ下相人也ㅣ라字ᄂᆞᆫ羽ㅣ니初起에時年二十四ㅣ라其季父ᄂᆞᆫ項梁이오梁의父ᄂᆞᆫ即楚將項燕이니爲秦將王翦의所戮者也ㅣ라項氏世世爲楚將ᄒᆞ야封於項이라故로姓을項氏ᄒᆞ다

項籍이少時에學書不成去ᄒᆞ고學劒又不成ᄒᆞᆫ대項梁이怒之어ᄂᆞᆯ籍曰書足以記名姓而已오劒은一人敵이라不足學이니學萬人敵ᄒᆞ노이다於是에項梁이乃教籍兵法ᄒᆞ니籍이大喜ᄒᆞ야略知其意오又不肯竟學이러라項梁이嘗有櫟陽逮어ᄂᆞᆯ乃請蘄獄掾曹咎書ᄒᆞ야抵櫟陽獄掾司馬欣ᄒᆞ니以故事得己ᄒᆞ니라項梁이殺人ᄒᆞ고與籍避仇於吳中ᄒᆞ니吳中賢士大夫ㅣ皆出項梁下라每吳中有大繇役及喪에項梁이常

眴 눈굼저일 현

爲主辦ᄒᆞ야 陰以兵法ᄋᆞ로 部勒賓客及子弟라 以是知其能이러라 秦始皇帝遊會稽渡浙江이어ᄂᆞᆯ 梁이 與籍俱觀이러니 籍曰彼를 可取而代也ㅣ로다 梁이 掩其口曰毋忘言ᄒᆞ라 族矣리라 梁이 以此奇籍이러라 籍의 長이 八尺餘ㅣ오 力能扛鼎ᄒᆞ고 才氣過人ᄒᆞ니 雖吳中子弟라도 皆已憚籍矣러라 秦二世元年七月에 陳涉等이 起大澤中이러니 其九月에 會稽守通이 謂梁曰江西皆反ᄒᆞ니 此亦天亡秦之時也ㅣ라 吾聞先則制人이오 後則爲人所制라ᄒᆞ니 吾欲發兵ᄒᆞ야 使公及桓楚將ᄒᆞ노라 是時에 桓楚亡在澤中이러니 梁曰桓楚亡에 人莫知其處ᄒᆞᄃᆡ 獨籍이 知之耳라 梁이 乃出誡籍ᄒᆞ야 持劍居外待ᄒᆞ고 梁이 復入ᄒᆞ야 與守坐曰請召籍ᄒᆞ야 使受命召桓楚ᄒᆞ노라 守曰諾다 梁이 召籍入ᄒᆞ야 須臾에 梁이 眴籍曰可行矣니라 於是에 籍이 遂拔

劒斬守頭ᄒᆞᆫ디項梁이持守頭ᄒᆞ고佩其印綬ᄒᆞ니門下ㅣ大驚擾
亂이어ᄂᆞᆯ籍의所擊殺이數十百人이라一府中이皆慴伏ᄒᆞ야莫
敢起러라梁이乃召故所知豪吏ᄒᆞ야諭以所爲起大事ᄒᆞ고遂
擧吳中兵ᄒᆞ고使人收下縣ᄒᆞ야得精兵八千人ᄒᆞ야梁部署吳
中豪傑爲梜尉候司馬러니有一人이不得用ᄒᆞ야自言於梁
이어ᄂᆞᆯ梁曰前時某喪에使公主某事러니不能辦이라以此不任
用公ᄒᆞ노라衆乃皆伏이러라於是에梁爲會稽守ᄒᆞ고籍爲裨將
ᄒᆞ야徇下縣ᄒᆞ다廣陵人召平이於是爲陳王徇廣陵ᄒᆞ야未能
下ㅣ러니聞陳王이敗走ᄒᆞ고秦兵이又且至어ᄂᆞᆯ乃渡江ᄒᆞ야矯陳王
命拜梁爲楚王上柱國曰江東을已定ᄒᆞ니急引兵西擊
秦ᄒᆞ라項梁이乃以八千人으로渡江而西ᄒᆞ야聞陳嬰이已下東
陽ᄒᆞ고使使欲與連和俱西ᄒᆞ니陳嬰者는故東陽令史니居

縣中에 素信謹稱爲長者러니 東陽少年이 殺其令ᄒᆞ고 相聚數千人ᄒᆞ야 欲置長호되 無適用ᄒᆞ야 乃請陳嬰이어늘 嬰이 謝不能이로되 遂彊立嬰爲長ᄒᆞ니 縣中從者ㅣ 得二萬人이라 少年이 欲立嬰便爲王ᄒᆞ야 異軍蒼頭特起어늘 陳嬰母ㅣ 謂嬰曰自我爲汝家婦로 未嘗聞汝先古之有貴者ᄒᆞ니 今暴得大名이 不祥이니 不如有所屬ᄒᆞ야 事成이면 猶得封侯오 事敗라도 易以亡이라 非世所指名也ㅣ니라 嬰이 乃不敢爲王ᄒᆞ야 謂其軍吏曰項氏는 世世將家라 有名於楚ᄒᆞ니 今欲擧大事인ᄃᆡ 將非其人이면 不可ㅣ라 我倚名族이면 亡秦이 必矣리라 於是에 衆이 從其言ᄒᆞ야 以兵屬項梁ᄒᆞ다 項梁이 渡淮이 黥布蒲將軍이 亦以兵屬焉ᄒᆞ니 凡六七萬人이라 軍下邳ᄒᆞ다 當是時ᄒᆞ야 秦嘉ㅣ 己立景駒爲楚王ᄒᆞ야 軍彭城東ᄒᆞ야 欲拒項梁이어늘 項梁이 謂軍

鄛 고을일홈 초

吏曰陳王이先首事ᄒᆞ야戰不利ᄒᆞ고未聞所在어늘今秦嘉ㅣ倍陳王而立景駒ᄒᆞ니逆無道라ᄒᆞ고乃進兵擊秦嘉ᄒᆞᆫ딕秦嘉軍이敗走어늘追之至胡陵ᄒᆞᆫ딕嘉ㅣ還戰一日에嘉死軍降ᄒᆞ고景駒는走死梁地ᄒᆞ다項梁이已幷秦嘉軍ᄒᆞ고軍胡陵ᄒᆞ야將引軍而西러니章邯軍이至栗이어늘項梁이使別將朱雞石、餘樊君으로與戰ᄒᆞ야餘樊君은死ᄒᆞ고朱雞石은軍敗ᄒᆞ야亡走胡陵이어늘項梁이乃引兵入薛ᄒᆞ야誅雞石ᄒᆞ다項梁이前使項羽로別攻襄城이러니襄城이堅守不下어늘已拔에皆阬之ᄒᆞ고還報項梁ᄒᆞ다項梁이聞陳王이定死ᄒᆞ고召請別將會薛計事ᄒᆞ니此時에沛公이亦起沛往焉이러라居鄛人范增이年七十에素居家好奇計ᄒᆞ야往說項梁曰陳勝이敗固當이라夫秦滅六國에楚最無罪ᄒᆞ니自懷王入秦不反으로楚人이憐之

盱 눈부릅뜰우
台 音이
父 音보

至今이라 故로 楚南公曰楚雖三戶ㅣ나 亡秦은 必楚也ㅣ라ᄒᆞ니 今
陳勝이 首事ᄒᆞ야 不立楚後而自立ᄒᆞ니 其勢不長이라 今君이 起
江東에 楚蠭起之將이 皆爭附君者는 以君世世楚將으로
爲能復立楚之後也ㅣ니라 於是에 項梁이 然其言ᄒᆞ야 乃求
楚懷王孫心民間ᄒᆞ니 爲人牧羊이어ᄂᆞᆯ 立以爲楚懷王ᄒᆞ니 從
民所望也ㅣ라 陳嬰으로 爲楚王上柱國ᄒᆞ야 封五縣ᄒᆞ야 與懷王
都盱台ᄒᆞ고 項梁이 自號爲武信君이라ᄒᆞ다 居數月에 引兵攻亢
父ᄒᆞ고 與齊田榮과 司馬龍且軍으로 救東阿ᄒᆞ야 大破秦軍於
東阿ᄒᆞ다 田榮이 卽引兵歸ᄒᆞ야 逐其王假ᄒᆞ니 假는 亡走楚ᄒᆞ고 假
相田角은 亡走趙ᄒᆞ고 角弟田間은 故齊將으로 居趙不敢歸
리라 田榮이 立田儋子市ᄒᆞ야 爲齊王ᄒᆞ다 項梁이 已破東阿下
軍ᄒᆞ고 逐追秦軍ᄒᆞᆯ시 數使使趣齊兵ᄒᆞ야 欲與俱西ᄒᆞᆫ디 田榮曰

楚殺田假ᄒᆞ고 趙殺田角田間이라ᄉᆞ 乃發兵ᄒᆞ리라 項梁曰田假爲與國之王이라 窮來從我ᄒᆞ니 不忍殺之ᄒᆞ노라 趙亦不殺田角、田間ᄒᆞ야 以市於齊ᄒᆞᆫᄃᆡ 齊遂不肯發兵助楚ᄒᆞ다 項梁이使沛公及項羽로 別攻成陽屠之ᄒᆞ고 西破秦軍濮陽東ᄒᆞᆫᄃᆡ 秦兵이 收入濮陽이어ᄂᆞᆯ 沛公、項羽乃攻定陶ㅣ러니 定陶ㅣ未下ㅣ라 去ᄒᆞ야 西略至雝丘ᄒᆞ야 大破秦軍ᄒᆞ야 斬李由ᄒᆞ고 還攻外黃ᄒᆞ니 外黃이 未下러니 項梁이 起東阿ᄒᆞ야 西北至定陶ᄒᆞ야 再破秦軍ᄒᆞ고 項羽等이 又斬李由ㅣ라 益輕秦有驕色이어ᄂᆞᆯ 宋義乃諫項梁曰戰勝而將驕卒惰者ᄂᆞᆫ 敗ᄒᆞᄂᆞ니 今卒少惰矣오 秦兵이 日益ᄒᆞ니 臣은 爲君畏之ᄒᆞ노라 項梁이 弗聽ᄒᆞ고 乃使宋義로 使於齊이어ᄂᆞᆯ 道遇齊使者高陵君顯曰公이 將見武信君乎아 曰然ᄒᆞ다 曰臣이 論武信君軍必敗ᄒᆞᄂᆞ니 公이 徐行이면

碭 산일홈 탕

卽免死ㅣ오 疾行이면 及禍ㅣ리라 秦이 果悉起兵益章邯ᄒᆞ야 擊楚
軍ᄒᆞ야 大破之定陶ᄒᆞ니 項梁이 死ᄒᆞ다 沛公、項羽ㅣ 去外黃ᄒᆞ고 攻
陳留ᄒᆞ되 陳留ㅣ 堅守不能下ㅣ러니 沛公、項羽相與謀曰今
項梁軍破ᄒᆞ야 士卒이 恐이라ᄒᆞ고 乃與呂臣軍으로 俱引兵而東ᄒᆞ야
呂臣은 軍彭城東ᄒᆞ고 項羽는 軍彭城西ᄒᆞ고 沛公은 軍碭이러라
章邯이 已破項梁軍ᄒᆞ야는 則以爲楚地兵不足憂ㅣ라ᄒᆞ야 乃渡
河擊趙ᄒᆞ야 大破之ᄒᆞ니 當此時ᄒᆞ야 趙歇이 爲王이오 陳餘ㅣ 爲將이오
張耳爲相이러니 皆走入鉅鹿城이어늘 章邯이 令王離、涉間으로
圍鉅鹿ᄒᆞ고 章邯은 軍其南ᄒᆞ야 築甬道而輸之粟이러라 陳餘ㅣ
爲將ᄒᆞ야 將卒數萬人而軍鉅鹿之北ᄒᆞ니 此所謂河北之
軍也ㅣ라 楚兵이 已破於定陶에 懷王이 恐ᄒᆞ야 從盱台之彭城ᄒᆞ야
并項羽、呂臣軍自將之ᄒᆞ고 以呂臣爲司徒ᄒᆞ고 以其父呂

靑爲令尹ᄒᆞ고 以沛公爲碭郡長ᄒᆞ고 封爲武安侯ᄒᆞ야 將碭郡
兵ᄒᆞ다 初에 宋義所遇齊使者高陵君顯이 在楚軍ᄒᆞ야 見楚
王曰宋義論武信君之軍이 必敗ᄒᆞ더니 居數日에 軍果敗
ᄒᆞ야 兵未戰而先見敗徵ᄒᆞ니 此可謂知兵矣러이다 王이 召宋義
與計事而大說之ᄒᆞ야 因置以爲上將軍ᄒᆞ고 項羽로 爲魯公
ᄒᆞ야 爲次將ᄒᆞ고 范增으로 爲末將ᄒᆞ야 救趙ᄒᆞᆯ시 諸別將이 皆屬宋義ᄒᆞ야
號爲卿子冠軍이러라 行至安陽ᄒᆞ야 留四十六日不進이어늘
項羽曰吾聞秦軍이 圍趙王鉅鹿이라ᄒᆞ니 疾引兵渡河ᄒᆞ야 楚
擊其外ᄒᆞ고 趙應其內면 破秦軍必矣리라 宋義曰不然ᄒᆞ다 夫
搏牛之蝱에 不可以破蟣蝨이니 今秦攻趙ᄒᆞ야 戰勝則兵罷
ᄒᆞ리니 我承其敝ᄒᆞ고 不勝이어든 則我引兵鼓行而西ㅣ면 必擧秦
矣리라 故로 不如先鬪秦趙ㅣ니 夫被堅執銳는 義不如公이오 坐

慴 두려어ᄒᆞᆯ 접

而運策은 公不如義라ᄒᆞ고 因下令軍中曰猛如虎、狠如羊貪如狼、彊不可使者는 皆斬ᄒᆞ리라 乃遣其子宋襄ᄒᆞ야 相齊ᄒᆞᆯ서 身送之至無鹽ᄒᆞ야 飮酒高會러니 天寒大雨ᄒᆞ야 士卒이 凍飢ㅣ라 項羽曰將戮力而攻秦이어늘 久留不行ᄒᆞ니 今歲饑民貧ᄒᆞ야 士卒이 食芋菽ᄒᆞ며 軍無見粮이어늘 乃飮酒高會ᄒᆞ고 不引兵渡河ᄒᆞ야 因趙食ᄒᆞ야 與趙並力攻秦ᄒᆞ고 乃曰承其敝라ᄒᆞ니 夫以秦之彊으로 攻新造之趙에 其勢必擧趙ᄒᆞ리니 趙擧而秦彊이니 何敝之承이리오 且國兵이 新破에 王이 坐不安席ᄒᆞ야 掃境內而專屬於將軍ᄒᆞ니 國家安危在此一擧어늘 今不恤士卒ᄒᆞ고 而徇其私ᄒᆞ니 非社稷之臣이로다 項羽晨朝上將軍宋義ᄒᆞᆯ서 即其帳中ᄒᆞ야 斬宋義頭ᄒᆞ고 出ᄒᆞ야 令軍中曰宋義與齊謀反楚ㅣ어늘 楚王이 陰令羽誅之라ᄒᆞ니 當是時ᄒᆞ야 諸將이 皆慴伏

하야 莫敢枝梧하고 皆曰首立楚者ㅣ 將軍家也오 今將軍이 誅亂이라하고 乃相與共立羽爲假上將軍하고 使人追宋義子하야 及之齊殺之하고 使桓楚報命於懷王한대 懷王이 因使項羽爲上將軍하고 當陽君、蒲將軍이 皆屬項羽하다 項羽已殺卿子冠軍에 威震楚國하고 名聞諸侯러라 乃遣當陽君、蒲將軍하야 將卒二萬渡河하야 救鉅鹿하야 戰少利하고 陳餘ㅣ 復請兵이어늘 項羽ㅣ 乃悉引兵渡河하야 皆沈船하고 破釜甑燒廬舍하고 持三日糧하야 以示士卒必死無一還心이러라 於是에 至則圍王離하고 與秦軍遇하야 九戰에 絕其甬道하야 大破之하고 殺蘇角하고 虜王離하니 涉間은 不降楚하고 自燒殺하다 當是時하야 楚兵이 冠諸侯ㅣ라 諸侯軍이 救鉅鹿下者十餘壁이로되 莫敢縱兵이러니 及楚擊秦에 諸將이 皆從壁上觀하니 楚戰士ㅣ 無不一以

鄢 ᄯᅡ일홈 언
郢 ᄯᅡ일홈 영

當十이오楚兵呼聲이動天ᄒᆞ니諸侯軍이無不人人惴恐이러라於是에已破秦軍에項羽ㅣ召見諸侯將ᄒᆞ니入轅門에無不膝行而前ᄒᆞ야莫敢仰視라項羽ㅣ由是로始爲諸侯上將軍ᄒᆞ니諸侯皆屬焉ᄒᆞ다章邯은軍棘原ᄒᆞ고項羽는軍漳南ᄒᆞ야相持未戰에秦軍이數却이어늘二世使人讓章邯ᄒᆞᆫᄃᆡ章邯이恐ᄒᆞ야使長史欣으로請事至咸陽ᄒᆞ야留司馬門三日에趙高不見ᄒᆞ고有不信之心이어늘長史欣이恐ᄒᆞ야還走其軍호ᄃᆡ不敢出故道러니趙高ㅣ果使人追之ᄒᆞ야不及ᄒᆞ다欣이至軍報曰趙高用事於中ᄒᆞ니下無可爲者ㅣ라今戰能勝이면高必疾妬吾功이오戰不能勝이면不免於死ㅣ니願將軍은熟計之ᄒᆞ라陳餘ㅣ亦遺章邯書曰白起爲秦將ᄒᆞ야南征鄢郢ᄒᆞ고北阬馬服ᄒᆞ고攻城畧地를不可勝計로ᄃᆡ而竟賜死ᄒᆞ고蒙恬이爲秦將ᄒᆞ야北逐

戎人ᄒᆞ고開楡中地數千里ᄃᆡ로竟斬陽周ᄂᆞᆫ何者오功多도라秦
不能盡封ᄒᆞ고因以法誅之ᄒᆞᄂᆞ니今將軍이爲秦將三歲矣
라所亡失이以十萬數ㅣ오而諸侯ㅣ並起滋益多ᄒᆞ니彼趙高
ㅣ素諛日久라今事急에亦恐二世誅之ᄒᆞ야故欲以法誅
將軍ᄒᆞ야以塞責ᄒᆞ고使人更代將軍ᄒᆞ야以脫其禍ᄒᆞᄂᆞ니夫將軍
이居外久ᄒᆞ야多內郤ᄒᆞ니有功亦誅오無功亦誅ㅣ라且天之
亡秦ᄂᆞᆯ無愚智皆知之ᄒᆞᄂᆞ니今將軍이內不能直諫ᄒᆞ고外爲
亡國將ᄒᆞ야孤特獨立이而欲常存ᄒᆞ니豈不哀哉아將軍은何
不還兵ᄒᆞ야與諸侯爲從ᄒᆞ야約共攻秦ᄒᆞ고分王其地오南面
稱孤ㅣ此孰與身伏鈇質ᄒᆞ며妻子爲僇乎아章邯이狐疑
ᄒᆞ야陰使候始成으로使項羽ᄒᆞ야欲約이러니約未成에項羽使蒲
將軍으로日夜引兵渡三戶軍漳南ᄒᆞ야與秦戰再破之ᄒᆞ고項

羽ㅣ悉引兵擊秦軍汙水上ᄒᆞ야大破之ᄒᆞ다章邯이使人見項羽ᄒᆞ야欲約이어ᄂᆞᆯ項羽召軍吏謀曰糧少ᄒᆞ니欲聽其約ᄒᆞ노라軍吏皆曰善타項羽ㅣ乃與期洹水南殷虛上ᄒᆞᆫ듸已盟에章邯이見項羽而流涕ᄒᆞ야爲言趙高러라項羽乃立章邯爲雍王ᄒᆞ야置楚軍中ᄒᆞ고使長史欣爲上將軍ᄒᆞ야將秦軍爲前行ᄒᆞ야到新安이러니諸侯吏卒이異時에故繇使屯戍ᄒᆞ야過秦中ᄒᆞᆯ시秦中吏卒이遇之多無狀이러니及秦軍이降諸侯에諸侯吏卒이乘勝ᄒᆞ야多奴虜使之ᄒᆞ며輕折辱秦吏卒ᄒᆞ니秦吏卒이多竊言曰章將軍等이詐吾屬ᄒᆞ고降諸侯ᄒᆞ니今能入關破秦이면大善이언니와即不能이면諸侯虜吾屬而東ᄒᆞ고秦必盡誅吾父母妻子리라諸將이微聞其計ᄒᆞ고以告項羽어ᄂᆞᆯ項羽ㅣ乃召黥布、蒲將軍ᄒᆞ야計曰秦吏卒이尙衆ᄒᆞ고其心이不服

ᄒᆞ니至關中ᄒᆞ야不聽이면事必危리니不如擊破之ᄒᆞ고而獨與章邯
長史欣、都尉翳入秦이니라於是에楚軍이夜擊阬秦卒二
十餘萬人新安、城南ᄒᆞ고行略定秦地을函谷關이러니有兵
守關이라不得入ᄒᆞ고又聞沛公이已破咸陽ᄒᆞ고項羽ㅣ大怒ᄒᆞ야
使當陽君等으로擊關ᄒᆞ고項羽遂入至于戲西ᄒᆞ니沛公이軍
霸上ᄒᆞ야未得與項羽相見이러니沛公의左司馬曹無傷이使
人言於項羽曰沛公이欲王關中ᄒᆞ야使子嬰爲相ᄒᆞ고珍寶
를盡有之ᄒᆞ니라項羽ㅣ大怒曰旦日에饗士卒ᄒᆞ야爲擊破沛公
軍ᄒᆞ리라當是時ᄒᆞ야項羽兵四十萬은在新豐鴻門ᄒᆞ고沛公兵
十萬은在霸上이러니范增이說項羽曰沛公이居山東時에
貪於財貨ᄒᆞ고好美姬러니今入關에財物을無所取ᄒᆞ며婦女無
所幸ᄒᆞ니此其志不在小ㅣ오吾令人望其氣ᄒᆞ니皆爲龍虎ᄒᆞ며

內 音납

成五采ᄒᆞ니 此天子氣也ㅣ라 急擊勿失ᄒᆞ라 楚左尹項伯者ᄂᆞᆫ
項羽의 季父也ㅣ라 素善留侯張良이러니 是時에 從沛
公이라 項伯이 乃夜馳之沛公軍ᄒᆞ야 私見張良ᄒᆞ야 具告以事
ᄒᆞ고 欲呼張良與俱去曰毋從俱死也ᄒᆞ라 張良曰臣이 爲韓
王送張公이러니 沛公이 今事有急이어늘 亡去不義니 不可不語
ㅣ라ᄒᆞ고 良이 乃入ᄒᆞ야 具告沛公ᄒᆞᆫ대 沛公이 大驚曰爲之奈何오 張
良曰誰爲大王爲此計者오 曰鯫生이 說我曰距關毋內
諸侯ㅣ면 秦地를 可盡王也ㅣ라ᄒᆞ야늘 故로 聽之ᄒᆞ라 良曰料大王士
卒이 足以當項王乎잇가 沛公이 默然曰固不如也ㅣ라 且爲
之奈何오 張良曰請往謂項伯ᄒᆞ야 言沛公이 不敢背項王
也ㅣ라ᄒᆞ리이다 沛公曰君이 安與項伯有故오 張良曰秦時與臣
遊라가 項伯이 殺人이어늘 臣이 活之ᄒᆞ니 今事有急이라 故로 幸來告

良이니이다 沛公曰孰與君少長고 良曰長於臣ᄒᆞ니이다 沛公曰君
은 爲我呼入ᄒᆞ라 吾得兄事之ᄒᆞ리라 張良이 出要項伯ᄒᆞᆫᄃᆡ 項伯
이 即入見沛公이어ᄂᆞᆯ 沛公이 奉巵酒爲壽ᄒᆞ고 約爲婚姻曰吾
ㅣ 入關에 秋毫을 不敢有所近ᄒᆞ고 籍吏民封府庫ᄒᆞ야 而待將
將호니 所以遣將守關者ᄂᆞᆫ 備他盜之出入과 與非常人也
ㅣ라 日夜望將軍至ᄒᆞ니 豈敢反乎ㅣ리오 願伯은 具言臣之不敢
倍德也ᄒᆞ라 項伯이 許諾ᄒᆞ고 謂沛公曰旦日에 不可不蚤自
來謝項王이니라 沛公曰諾다 於是에 項伯이 復夜去至軍中
ᄒᆞ야 具以沛公言으로 報項王ᄒᆞ고 因言曰沛公이 不先破關中
이면 公이 豈敢入乎ㅣ리오 今人有大功이어ᄂᆞᆯ 而擊之不義也ㅣ니 不
如因善遇之니라 項王이 許諾ᄒᆞ다 沛公이 旦日에 從百餘騎ᄒᆞ고 來
見項王ᄒᆞ야 至鴻門謝曰臣이 與將軍으로 戮力而攻秦ᄒᆞ야 將

軍은戰河北ᄒᆞ고臣은戰河南이나然이나不自意能先入關破秦
ᄒᆞ고得復見將軍於此호라今者有小人之言ᄒᆞ야令將軍與臣
有郤이로다項王曰此는沛公의左司馬曹無傷言之ᄒᆞ니不然이면
籍이何以至此ㅣ리오項王이卽日에因留沛公與飮ᄒᆞᆯ시項王、項
伯은東嚮坐ᄒᆞ고亞父는南嚮坐ᄒᆞ니亞父者는范增也ㅣ라沛公
은北嚮坐ᄒᆞ고張良은西嚮侍러니范增이數目項王ᄒᆞ고擧所佩
玉玦ᄒᆞ야以示之者三이로되項王이默然不應이러라范增이起出
ᄒᆞ야召項莊謂曰君王의爲人이不忍ᄒᆞ니若이入前爲壽ᄒᆞ고壽畢
에請以劍舞ᄒᆞ야因擊沛公於坐殺之ᄒᆞ라不者ㅣ면若屬이皆且
爲所虜ㅣ리라莊이則入爲壽ᄒᆞ고壽畢曰君王이與沛公飮에軍
中에無以爲樂ᄒᆞ니請以劍舞ᄒᆞ노라項王曰諾다項莊이拔劍
起舞어늘項伯이亦拔劍起舞ᄒᆞ야常以身翼蔽沛公ᄒᆞ니莊이不

得擊이러라 於是에 張良이 至軍門ᄒᆞ야 見樊噲ᄒᆞᆫᄃᆡ 樊噲曰今日之事ㅣ何如오 良曰甚急이로다 今者項莊이 拔劒舞ᄒᆞ니 其意常在沛公也ㅣ로라 噲曰此迫矣라 臣이 請入ᄒᆞ야 與之同命ᄒᆞ리라 噲即帶劍擁盾ᄒᆞ고 入軍門ᄒᆞᆫᄃᆡ 交戟之衛士ㅣ 欲止不內이어ᄂᆞᆯ 樊噲ㅣ側其盾ᄒᆞ야 以撞衛士仆地ᄒᆞ고 噲遂入ᄒᆞ야 披帷西嚮立ᄒᆞ야 瞋目視項王ᄒᆞ니 頭髮이 上指ᄒᆞ고 目眦ㅣ盡裂이러라 項王이 按劒而跽曰客은 何爲者오 張良曰沛公之驂乘樊噲者也ㅣ로라 項王曰壯士ㅣ로다 賜之巵酒ᄒᆞ라 則與斗巵酒어ᄂᆞᆯ 噲拜謝ᄒᆞ고 起立而飮之ᄒᆞᆫᄃᆡ 項王曰賜之彘肩ᄒᆞ라 則與一生彘肩이어ᄂᆞᆯ 樊噲覆其盾於地ᄒᆞ고 加彘肩上ᄒᆞ고 拔劒切而啗之ᄒᆞᆫᄃᆡ 項王曰壯士ㅣ로다 能復飮乎아 樊噲曰臣이 死且不避니 巵酒을 安足辭리오 夫秦王이 有虎狼之心ᄒᆞ야 殺人如不能擧ᄒᆞ며

刑人如恐不勝이라天下皆叛之ᄒᆞ니懷王이與諸將約曰先破秦入咸陽者를王之ᄒᆞ라ᄒᆞ니今沛公이先破秦入咸陽ᄒᆞ야毫毛를不敢有所近ᄒᆞ고封閉宮室ᄒᆞ고還軍霸上ᄒᆞ야以待大王來ᄒᆞ니故遣將守關者ᄂᆞᆫ備他盜出入과與非常也ㅣ라勞苦而功高如此어ᄂᆞᆯ未有封侯之賞ᄒᆞ고而聽細說ᄒᆞ야欲誅有功之人ᄒᆞ니此ᄂᆞᆫ亡秦之續耳라竊爲大王不取也ᄒᆞ노라項王이未有以應曰坐ᄒᆞ라樊噲從良坐ㅣ러라坐須臾에沛公이起如厠ᄒᆞ고因招樊噲出ᄒᆞ다沛公이已出에項王이使都尉陳平으로召沛公이어ᄂᆞᆯ沛公曰今者出에未辭也ᄒᆞ니爲之奈何오樊噲曰大行에不顧細謹ᄒᆞ고大禮에不辭小讓이니如今人方爲刀俎ㅣ오我爲魚肉이어니何辭爲리오於是遂去ᄒᆞ고乃令張良留謝ᄒᆞᆫ듸良이問曰大王이來何操오曰我持白璧一雙ᄒᆞ야欲獻項

唉 한살ᄒᆞᆯ 의

王ᄒᆞ고 玉斗一雙ᄒᆞ야 欲與亞父러니 會其怒ㅣ라 不敢獻ᄒᆞ니 公爲我獻之ᄒᆞ라 張良曰謹諾다 當是時ᄒᆞ야 項王軍은 在鴻門下ᄒᆞ고 沛公軍은 在霸上ᄒᆞ야 相去四十里러니 沛公이 則置車騎ᄒᆞ고 脫身獨騎ᄒᆞ야 與樊噲、夏侯嬰、靳彊、紀信等四人으로 持劍盾步走ᄒᆞ야 從酈山下ᄒᆞ야 道芷陽間行ᄒᆞ고 沛公이 謂張良曰從此道至吾軍이 不過二十里라 度我至軍中이어던 公乃入ᄒᆞ라 沛公이 已去ᄒᆞ야 間至軍中이어늘 張良이 入謝曰沛公이 不勝桮杓ᄒᆞ야 不能辭ᄒᆞ고 謹使臣良으로 奉白璧一雙ᄒᆞ야 再拜獻大王足下ᄒᆞ고 玉斗一雙ᄒᆞ야 再拜獻大將軍足下ᄒᆞ노라 項王曰沛公이 安在오 良曰聞大王이 有意督過之ᄒᆞ고 脫身獨去ᄒᆞ야 已至軍矣로라 項王은 則受璧置之坐上ᄒᆞ고 亞父는 受玉斗置之地ᄒᆞ고 拔劍撞而破之曰唉라 豎子는 不足與謀로다 奪

項王天下者ᄂᆞᆫ 必沛公也ㅣ리니 吾屬이 今爲之虜矣리라 沛公이 至軍ᄒᆞ야 立誅殺曹無傷ᄒᆞ다 居數日에 項羽ㅣ 引兵西屠咸陽ᄒᆞ고 殺秦降王子嬰ᄒᆞ고 燒秦宮室ᄒᆞ니 火ㅣ 三月不滅이러라 收其貨寶婦女而東ᄒᆞ다 人이 或說項王曰關中이 阻山河四塞ᄒᆞ고 地肥饒ᄒᆞ니 可都以霸라ᄒᆞᆫ디 項王이 見秦宮室이 皆以燒殘破ᄒᆞ고 又心懷思欲東歸曰富貴不歸故鄕이면 如衣繡夜行이니 誰知之者ㅣ리오 說者ㅣ 曰人言楚人은 沐猴而冠耳라ᄒᆞ더니 果然이로다 項王이 聞之ᄒᆞ고 烹說者ᄒᆞ다 項王이 使人致命懷王ᄒᆞᆫ디 懷王曰如約ᄒᆞ라 乃尊懷王爲義帝ᄒᆞ고 項王이 欲自王ᄒᆞ야 先王諸將相ᄒᆞ고 謂曰天下ㅣ 初發亂時에 假立諸侯後ᄒᆞ야 以伐秦이나 然이나 身被堅執銳ᄒᆞ고 首事暴露於野三年ᄒᆞ야 滅秦定天下者ᄂᆞᆫ 皆將相諸君與籍之力也ㅣ라 義帝ㅣ 雖無

瑕 옥틔 하

功이나 故當分其地而王之니라 諸將이 皆曰善라 乃分天下ᄒᆞ야 立諸將爲侯王ᄒᆞ다 項王范增이 疑沛公之有天下로ᄃᆡ 業已講解ᄒᆞ고 又惡負約이면 恐諸侯叛之ᄒᆞᆯ가ᄒᆞ야 乃陰謀曰巴蜀은 道險이라 秦之遷人이 皆居蜀이라ᄒᆞ고 乃曰巴蜀도 亦關中地也ㅣ라 故立沛公爲漢王ᄒᆞ야 王巴蜀漢中ᄒᆞ야 都南鄭ᄒᆞ고 而三分關中ᄒᆞ야 王秦降將ᄒᆞ야 以距塞漢王ᄒᆞᆯ서 項王이 乃立章邯爲雍王ᄒᆞ야 王咸陽以西ᄒᆞ야 都廢丘ᄒᆞ고 長史欣者ᄂᆞᆫ 故爲櫟陽獄掾ᄒᆞ야 嘗有德於項梁ᄒᆞ고 都尉董翳者ᄂᆞᆫ 本勸章邯降楚ㅣ라 故로 立司馬欣爲塞王ᄒᆞ야 王咸陽以東至河ᄒᆞ야 都櫟陽ᄒᆞ고 立董翳爲翟王ᄒᆞ야 王上郡ᄒᆞ야 都高奴ᄒᆞ고 徙魏王豹爲西魏王ᄒᆞ야 王河東ᄒᆞ야 都平陽ᄒᆞ고 瑕丘申陽者ᄂᆞᆫ 張耳의 嬖臣也ㅣ라 先下河南郡ᄒᆞ고 迎楚河上이라 故로 立申陽爲河南王

芮 풀예
郴 싸일홈슈
荼 씀바귀

ᄒᆞ야都雒陽ᄒᆞ고韓王成은因故都ᄒᆞ야都陽翟ᄒᆞ고趙將司馬卬은定河內에數有功이라故로立卬爲殷王ᄒᆞ야王河內ᄒᆞ야都朝歌ᄒᆞ고徙趙王歇爲代王ᄒᆞ고趙相張耳는素賢ᄒᆞ고又從入關이라故로立耳爲常山王ᄒᆞ야王趙地ᄒᆞ야都襄國ᄒᆞ고當陽君黥布는爲楚將ᄒᆞ야常冠軍이라故로立布爲九江王ᄒᆞ야都六ᄒᆞ고鄱君吳芮는率百越ᄒᆞ야佐諸侯ᄒᆞ고又從入關이라故로立芮爲衡山王ᄒᆞ야都郴ᄒᆞ고義帝柱國共敖는將兵擊南郡에功多ㅣ라因立敖爲臨江王ᄒᆞ야都江陵ᄒᆞ고徙燕王韓廣爲遼東王ᄒᆞ고燕將臧荼는從楚救趙ᄒᆞ고因從入關이라故로立荼爲燕王ᄒᆞ야都薊ᄒᆞ고徙齊王田市爲膠東王ᄒᆞ고齊將田都는從共救趙ᄒᆞ고因從入關이라故로立都爲齊王ᄒᆞ야都臨菑ᄒᆞ고故秦所滅齊王建의孫田安은項羽ㅣ方渡河救趙에田安이下濟北數城

銷 노구현

郴 고을일홈침

ᄒᆞ고引其兵降項羽ㅣ라故로立安爲濟北王ᄒᆞ야都博陽ᄒᆞ고田榮者ᄂᆞᆫ數負項梁ᄒᆞ고又不肯將兵從楚擊秦이라以故로不封ᄒᆞ고成安君陳餘ᄂᆞᆫ棄將印去ᄒᆞ고不從入關이나然이나素聞其賢이오有功於趙ᄒᆞ며聞其在南皮라故로因環封三縣ᄒᆞ고番君將梅銷은功多ㅣ라故로封十萬戶侯ᄒᆞ고項王이自立爲西楚霸王ᄒᆞ고王九都ᄒᆞ야都彭城ᄒᆞ다漢之元年四月에諸侯罷戲下ᄒᆞ고各就國ᄒᆞ다項王이出之國ᄒᆞ고使人徙義帝曰古之帝者ㅣ地方千里오必居上游ㅣ라ᄒᆞ고乃使使徙義帝長沙郴縣ᄒᆞ고趣義帝行ᄒᆞᆫ디其羣臣이稍稍背叛之러라乃陰令衡山、臨江王으로擊殺之江中ᄒᆞ다韓王成은無軍功이라項王이不使之國ᄒᆞ고與俱至彭城ᄒᆞ야廢以爲侯ㅣ라가已又殺之ᄒᆞ다臧荼ㅣ之國ᄒᆞ야因逐韓廣之遼東ᄒᆞᆫ디廣이不聽이어ᄂᆞᆯ荼ㅣ擊殺廣無終ᄒᆞ고幷

王其地ᄒᆞ다田榮이聞項羽ㅣ徙齊王市膠東而立齊將田
都爲齊王ᄒᆞ고乃大怒ᄒᆞ야不肯遣齊王之膠東ᄒᆞ고因以齊反
ᄒᆞ야迎擊田都ᄒᆞᆫ뒤田都ㅣ走楚ᄒᆞ다齊王市ㅣ畏項王ᄒᆞ야乃亡之
膠東ᄒᆞ야就國이어늘田榮이怒ᄒᆞ야追擊殺之卽墨ᄒᆞ고榮이因自立
爲齊王而西擊殺濟北王田安ᄒᆞ고幷王三齊ᄒᆞ다榮이與彭
越將軍印ᄒᆞ야令反梁地ᄒᆞ다陳餘ㅣ陰使張同、夏說로說齊
王田榮曰項羽ㅣ爲天下宰不平ᄒᆞ야今盡王故王於醜
地ᄒᆞ고而王其羣臣諸將善地ᄒᆞ고逐其故主趙王ᄒᆞ야乃北居
代ᄒᆞ니餘ㅣ以爲不可ㅣ라ᄒᆞ노라聞大王이起兵ᄒᆞ고且不聽不義ᄒᆞ니라願
大王은資餘兵이어던請以擊常山ᄒᆞ야以復趙王이면請以國爲
扞蔽ᄒᆞ노라齊王이許之ᄒᆞ고因遣兵之趙ㅣ어늘陳餘ㅣ悉發三縣
兵ᄒᆞ야與齊幷力擊常山ᄒᆞ야大破之ᄒᆞᆫ뒤張耳走歸漢이어늘陳餘

ㅣ迎故趙王歇於代ᄒᆞ야反之趙ᄒᆞᆫᄃᆡ趙王이因立陳餘爲代王ᄒᆞ다是時에漢이還定三秦이러니項羽ㅣ聞漢王이皆已幷關中코且東ᄒᆞ며齊、趙叛之라ᄒᆞ고大怒ᄒᆞ야乃以故吳令鄭昌爲韓王ᄒᆞ야以距漢ᄒᆞ고令蕭公角等으로擊彭越ᄒᆞᆫᄃᆡ彭越이敗蕭公角等ᄒᆞ다漢이使張良徇韓이러니乃遺項王書曰漢王이失職ᄒᆞ야欲得關中ᄒᆞ니如約卽止오不敢東이라ᄒᆞ고又以齊梁反書로遺項王曰齊欲與趙幷滅楚라ᄒᆞ니楚ㅣ以此故로無西意ᄒᆞ고而北擊齊ᄒᆞᆯ시徵兵九江王布ᄒᆞᆫᄃᆡ布ㅣ稱疾不往ᄒᆞ고使將將數千人行ᄒᆞ니項王ㅣ由此怨布也ㅣ러라漢之二年冬에項羽ㅣ遂北至成陽ᄒᆞᆫᄃᆡ田榮이亦將兵會戰이라가田榮이不勝ᄒᆞ야走至平原이어ᄂᆞᆯ平原民이殺之ᄒᆞ다遂北ᄒᆞ야燒夷齊城郭室屋ᄒᆞ고皆阬田榮降卒ᄒᆞ고係虜其老弱婦女ᄒᆞ고徇齊至北海ᄒᆞ야多所

殘滅ᄒᆞ니齊人이相聚而叛之러라於是에田榮弟田橫이收齊亡卒得數萬人ᄒᆞ야反成陽이어늘項王이因留ᄒᆞ야連戰未能下러니春에漢王이部五諸侯兵凡五十六萬人ᄒᆞ야東伐楚어늘項王이聞之ᄒᆞ고卽令諸將으로擊齊而自以精兵三萬人으로南從魯出胡陵ᄒᆞ다四月에漢이皆已入彭城ᄒᆞ야收其貨寶美人ᄒᆞ고日置酒高會러니項王이乃西從蕭ᄒᆞ야晨擊漢軍而東至彭城ᄒᆞ야日中에大破漢軍ᄒᆞᆫ듸漢軍이皆走ᄒᆞ야相隨入穀泗水ᄒᆞ니殺漢卒十餘萬人ᄒᆞ다漢卒이皆南走山이어늘楚ㅣ又追擊ᄒᆞ야至靈壁東睢水上ᄒᆞᆫ듸漢軍이却ᄒᆞ야爲楚所擠ᄒᆞ야多殺漢卒ᄒᆞ야十餘萬人이皆入睢水ᄒᆞ니睢水ㅣ爲之不流ㅣ러라圍漢王三匝이러니於是에大風이從西北而起ᄒᆞ야折木發屋ᄒᆞ고揚沙石ᄒᆞ야窈冥晝晦ᄒᆞ야逢迎楚軍이라楚軍이大亂壞散이어늘而

食音이
其音긔

漢王이乃得與數十騎遁去ᄒᆞ야欲過沛ᄒᆞ야收家室而西ᄒᆞ고
楚亦使人追之沛ᄒᆞ야取漢王家러니家皆亡ᄒᆞ야不與漢王相
見ᄒᆞ다漢王이道逢得孝惠、魯元ᄒᆞ야乃載行이러니楚騎追漢王
이어늘漢王이急ᄒᆞ야推墮孝惠、魯元車下어늘滕公이常下收載
之ᄒᆞ야如是者三이라曰雖急ᄒᆞ나不可以驅ㅣ나奈何棄之리오於是
에遂得脫ᄒᆞ다求太公、呂后ᄒᆞ야不相遇ᄒᆞ고審食其從太、公呂
后ᄒᆞ야間行求漢王ᄒᆞ다가反遇楚軍ᄒᆞ니楚軍이遂與歸ᄒᆞ야報項
王이어늘項王이常置軍中이러라是時에呂后의兄周呂侯ㅣ爲
漢將兵居下邑이어늘漢王이間往從之ᄒᆞ야稍稍收其士卒ᄒᆞ야
至滎陽ᄒᆞᄃᆡ諸敗軍이皆會ᄒᆞ고蕭何ㅣ亦發關中老弱未傅ᄒᆞ야
悉詣滎陽ᄒᆞ니復大振이러라楚ㅣ起於彭城ᄒᆞ야常乘勝逐北ᄒᆞ야
與漢戰滎陽南京索間이어늘漢이敗楚라楚ㅣ以故不能過滎

陽而西러라 項王之救彭城追漢王至滎陽에 田橫이 亦得
收齊ᄒᆞ야 立田榮子廣爲齊王ᄒᆞ다 漢王之敗彭城에 諸侯ㅣ
皆復與楚而背漢이어늘 漢이 軍滎陽ᄒᆞ야 築甬道屬之河ᄒᆞ야 以
取敖倉粟이러라 漢之三年에 項王이 數侵奪漢甬道ᄒᆞ니 漢王이
食乏이라 恐ᄒᆞ야 請和ᄒᆞ고 割滎陽以西爲漢이어늘 項王이 欲聽之러니
歷陽侯范增曰漢은 易與耳라 今釋弗取면 後必悔之리라
項王이 乃與范增으로 急圍滎陽ᄒᆞᆫᄃᆡ 漢王이 患之ᄒᆞ야 乃用陳
平計ᄒᆞ야 間項王ᄒᆞᆫᄃᆡ 項王使者來에 爲太牢具ᄒᆞ야 擧欲進之라가
見使者ᄒᆞ고 詳驚愕曰吾以爲亞父使者러니 乃反項王使
者ㅣ로다 更持去ᄒᆞ고 以惡食으로 食項王使者어늘 使者ㅣ 歸報項王ᄒᆞ니
項王이 乃疑范增與漢有私라ᄒᆞ야 稍奪之權ᄒᆞᆫᄃᆡ 范增이 大怒
曰天下事ㅣ 大定矣니 君王은 自爲之ᄒᆞ라 願賜骸骨歸卒伍

ᄒᆞ노라項王이許之ᄒᆞᆫ대行未至彭城에疽發背而死ᄒᆞ다漢將紀
信이說漢王曰事已急矣라請爲王誑楚爲王ᄒᆞ리니王可以
間出이니이다於是에漢王이夜出女子滎陽東門ᄒᆞᆫ대被甲二千
人이어늘楚兵이四面擊之라紀信이乘黃屋車ᄒᆞ고傅左纛曰
城中에食盡ᄒᆞ니漢王이降ᄒᆞ노라楚軍이皆呼萬歲어늘漢王이亦
與數十騎로從城西門出ᄒᆞ야走成皐ᄒᆞ다項王이見紀信ᄒᆞ고問
漢王이安在오信曰漢王이已出矣노라項王이燒殺紀信ᄒᆞ다
漢王이使御史大夫周苛、樅公、魏豹로守滎陽이러니周苛、
樅公이謀曰反國之王은難與守城이라ᄒᆞ고乃共殺魏豹ᄒᆞ다楚
下滎陽城ᄒᆞ야生得周苛ᄒᆞ니項王이謂周苛曰爲我將이면我
以公으로爲上將軍ᄒᆞ고封三萬戶ᄒᆞ리라周苛ㅣ罵曰若이不趨
降漢이면漢今虜若ᄒᆞ리라若은非漢敵也ㅣ니라項王이怒ᄒᆞ야烹周

苛ᄒᆞ고 并殺樅公ᄒᆞ다 漢王之出滎陽에 南走宛葉ᄒᆞ야 得九江
王布ᄒᆞ고 行收兵ᄒᆞ야 復入保成皐ᄒᆞ다 漢之四年에 項王이 進兵
圍成皐ᄒᆞᆫᄃᆡ 漢王이 逃ᄒᆞ야 獨與滕公으로 出成皐北門ᄒᆞ야 渡河走
修武ᄒᆞ야 從張耳、韓信軍ᄒᆞᆫᄃᆡ 諸將이 稍稍得出成皐ᄒᆞ야 從漢
王이러라 楚ㅣ 遂拔成皐ᄒᆞ고 欲西ᄒᆞ니 漢이 使兵距之鞏ᄒᆞ야 令其不
得西ᄒᆞ다 是時에 彭越이 渡河ᄒᆞ야 擊楚東阿ᄒᆞ야 殺楚將軍薛公
이어늘 項王이 乃自東擊彭越ᄒᆞ니 漢王이 得淮陰侯兵ᄒᆞ야 欲渡
河南이러니 鄭忠이 說漢王이어늘 乃止壁河內ᄒᆞ고 使劉賈로 將兵
佐彭越ᄒᆞ야 燒楚積聚어늘 項王이 東擊破之ᄒᆞ고 走彭越ᄒᆞ다 漢王
이 則引兵渡河ᄒᆞ야 復取成皐ᄒᆞ야 軍廣武ᄒᆞ야 就敖倉食이러라 項
王이 已定東海來ᄒᆞ야 西與漢俱臨廣武而軍ᄒᆞ야 相守數月
이러니 當此時ᄒᆞ야 彭越이 數反梁地ᄒᆞ야 絶楚糧食이라 項王이 患之

桮 잔비

ᄒᆞ야 爲高俎ᄒᆞ야 置太公其上ᄒᆞ고 告漢王曰今不急下면 吾烹太公ᄒᆞ리라 漢王曰吾與項羽로 俱北面受命懷王曰約爲兄弟ᄒᆞ니라 吾翁은 卽若翁이니 必欲烹而翁인댄 則幸分我一桮羹ᄒᆞ라 項王이 怒ᄒᆞ야 欲殺之러니 項伯曰天下事를 未可知오 且爲天下者는 不顧家ㅣ니 雖殺之라도 無益이오 祇益禍耳니라 項王이 從之ᄒᆞ다 楚漢이 久相持未決ᄒᆞ야 丁壯은 苦軍旅ᄒᆞ고 老弱은 罷轉漕ㅣ어늘 項王이 謂漢王曰天下ㅣ 匈匈數歲者ㅣ 徒以吾兩人耳니 願與漢王으로 挑戰決雌雄ᄒᆞ고 毋徒苦天下之民父子爲也ᄒᆞ노라 漢王이 笑謝曰吾寧鬪智언뎡 不鬪力이로라 項王이 令壯士出挑戰ᄒᆞᆫ듸 漢有善騎射者樓煩ᄒᆞ니 楚ㅣ 挑戰三合에 樓煩이 輒射殺之어늘 項王이 大怒ᄒᆞ야 乃自被甲持戟挑戰ᄒᆞᆫ듸 樓煩이 欲射之어늘 項王이 瞋目叱之ᄒᆞᆫ듸 樓煩이 目

且音저

不敢視ᄒᆞ며手不敢發ᄒᆞ고遂走還入壁ᄒᆞ야不敢復出이어늘漢王
이使人間問之ᄒᆞ니乃項王也ㅣ라漢王이大驚이어늘於是에項王
이乃即漢王ᄒᆞ야相與臨廣武間而語ㅣ러니漢王이數之어늘項
王이怒ᄒᆞ야欲一戰ᄒᆞᆫ듸漢王이不聽이러라項王이伏弩ᄒᆞ야射中漢
王ᄒᆞᆫ듸漢王이傷ᄒᆞ야走入成皐ᄒᆞ다項王이聞淮陰侯已擧河北
破齊、趙ᄒᆞ고且欲擊楚라ᄒᆞ고乃使龍且로往擊之ᄒᆞᆫ듸淮陰侯ㅣ
與戰ᄒᆞᆯ시騎將灌嬰이擊之ᄒᆞ야大破楚軍ᄒᆞ고殺龍且ᄒᆞ고韓信이因
自立爲齊王ᄒᆞ다項王이聞龍且軍이破ᄒᆞ고則恐ᄒᆞ야使盱台人
武涉으로說淮陰侯ᄒᆞᆫ듸淮陰侯不聽ᄒᆞ다是時에彭越이復反ᄒᆞ야
下梁地ᄒᆞ야絶楚糧이어늘項王이乃謂海春侯大司馬曹咎
等曰謹守成皐ᄒᆞ고則漢이欲挑戰이라도愼勿與戰ᄒᆞ고毋令得
東而已ᄒᆞ라我十五日이면必誅彭越定梁地ᄒᆞ고復從將軍ᄒᆞ리라

乃東行擊陳留、外黃ᄒᆞᆫᄃᆡ 外黃이 不下數日이러니 已降에 項王이 怒ᄒᆞ야 悉令男子年十五已上으로 詣城東ᄒᆞ야 欲阬之러니 外黃令舍人兒ㅣ年十三에 往說項王曰彭越이 彊劫外黃이어늘 外黃이 恐이라 故로 且降ᄒᆞ야 待大王이어늘 大王이 至ᄒᆞ야 又皆阬之면 百姓이 豈有歸心이리오 從此以東梁地十餘城이 皆恐ᄒᆞ야 莫肯下矣리라 項王이 然其言ᄒᆞ야 乃赦外黃當阬者ᄒᆞ니 東至睢陽히 聞之ᄒᆞ고 皆爭下項王ᄒᆞ다 漢이 果數挑楚軍戰ᄒᆞᆫᄃᆡ 楚軍이 不出이어늘 使人辱之五日ᄒᆞ니 大司馬ㅣ 怒ᄒᆞ야 渡兵汜水ᄒᆞ야 士卒이 半渡에 漢이 擊之ᄒᆞ야 大破楚軍ᄒᆞ고 盡得楚國貨賂이어늘 大司馬咎와 長史翳와 塞王欣이 皆自剄汜水上ᄒᆞ니 大司馬咎者는 故蘄獄掾이오 長史欣은 亦故櫟陽獄吏니 兩人이 嘗有德於項梁이라 是以로 項王이 信任之러라 當是時ᄒᆞ야 項王이

在睢陽ᄒᆞ야 聞海春侯軍이 敗ᄒᆞ고 則引兵還ᄒᆞᆫᄃᆡ 漢軍이 方圍鍾離昧於滎陽東이어ᄂᆞᆯ 項王이 至에 漢軍이 畏楚ᄒᆞ야 盡走險阻ㅣ러라 是時에 漢은 兵盛食多ᄒᆞ고 項王은 兵罷食絕이러니 漢이 遣陸賈ᄒᆞ야 說項王ᄒᆞ야 請太公ᄒᆞᆫᄃᆡ 項王이 不聽ᄒᆞ니 漢王이 復使侯公으로 往說項王이어ᄂᆞᆯ 項王이 乃與漢으로 約中分天下ᄒᆞ야 割鴻溝以西者爲漢ᄒᆞ고 鴻溝而東者爲楚코 項王이 許之ᄒᆞ야 即歸漢王父母妻子ᄒᆞ니 軍이 皆呼萬歲라 漢王이 乃封侯公爲平國君ᄒᆞ니 匿弗肯復見이러라 曰此天下辯士ㅣ니 所居傾國이라 故로 號爲平國君이라ᄒᆞ다 項王이 已約에 乃引兵解而東歸ᄒᆞᆫᄃᆡ 漢欲西歸어ᄂᆞᆯ 張良、陳平이 說曰漢有天下太半이오 而諸侯皆附之ᄒᆞ고 楚ㅣ 兵罷食盡ᄒᆞ니 此ㅣ 天亡楚之時也ㅣ라 不如因其饑而遂取之니 今釋弗擊이면 此所謂養虎自遺患

也ㅣ라ᄒᆞᆫᄃᆡ 漢王이 聽之ᄒᆞ다 漢五年에 漢王이 乃追項王至陽夏南
ᄒᆞ야 止軍ᄒᆞ고 與淮陰侯韓信과 建成侯彭越로 期會而擊楚
ㅣ러니 軍至固陵而信越之兵이 不會어늘 楚擊漢軍大破之
ᄒᆞᆫᄃᆡ 漢王이 復入壁深塹而自守ᄒᆞ고 謂張子房曰諸侯不從
約ᄒᆞ니 爲之奈何오 對曰楚兵이 且破에 信越이 未有分地ᄒᆞ니 其
不至固宜라 君王이 能與共分天下면 今可立致也ㅣ어니와 即
不能이면 事不可知也ㅣ리니 君王은 能自陳以東傅海히 盡與
韓信ᄒᆞ고 睢陽以北至穀城히 以與彭越ᄒᆞ고 使各自爲戰則
楚를 易敗也ㅣ리이다 漢王曰善다 於是에 乃發使者ᄒᆞ야 告韓信、
彭越曰幷力擊楚ᄒᆞ라 楚破ㅣ면 自陳以東傅海히 與齊王ᄒᆞ고
睢陽以北至穀城히 與彭相國ᄒᆞ리라 使者至에 韓信、彭越이
皆報曰請今進兵ᄒᆞ리이다 韓信은 乃從齊往ᄒᆞ고 劉賈軍은 從壽

垓 싸옷친곳히

春並行ᄒᆞ고屠城父ㅋ至垓下ᄒᆞ고大司馬周殷은叛楚ᄒᆞ야以舒
屠六ᄒᆞ고舉九江兵ᄒᆞ야隨劉賈、彭越ᄒᆞ야皆會垓下ᄒᆞ야詣項王ᄒᆞ다
項王이軍壁垓下ᄒᆞ야兵少食盡이어늘漢軍及諸侯兵이圍
之數重이러니夜聞漢軍이四面皆楚歌ㅋ項王乃大驚曰
漢이皆已得楚乎아是何楚人之多也오項王이則夜起飲
帳中ᄒᆞ니有美人名은虞ㅣ니常幸從ᄒᆞ고駿馬名은騅ㅣ니常騎之러니
於是에項王이乃悲歌慷慨ᄒᆞ야自爲詩曰力拔山兮氣
蓋世러니時不利兮騅不逝ㅣ로다騅不逝兮可奈何오虞兮
虞兮奈若何오歌數闋에美人이和之어늘項王이泣數行下ᄒᆞ고
左右皆泣ᄒᆞ야莫能仰視러라於是에項王이乃上馬騎ᄒᆞ니麾
下壯士騎從者ㅣ八百餘人이라直夜에潰圍南出馳走ᄒᆞ더
平明에漢軍이乃覺之ᄒᆞ고令騎將灌嬰으로以五千騎追之

ᄒᆞ다 項王이 渡淮에 騎能屬者百餘人耳러라 項王이 至陰陵ᄒᆞ야 迷失道ᄒᆞ야 問一田父ᄒᆞᆫ디 田父紿曰左어ᄂᆞᆯ 左ᄒᆞ다가 乃陷大澤中이라 以故로 漢이 追及之ᄒᆞ다 項王이 乃復引兵而東ᄒᆞ야 至東城ᄒᆞ니 乃有二十八騎오 漢騎追者數千人이러라 項王이 自度不得脫ᄒᆞ고 謂其騎曰吾起兵至今八歲矣라 身七十餘戰에 所當者破ᄒᆞ고 所擊者服ᄒᆞ야 未嘗敗北ᄒᆞ야 遂霸有天下러니 然今卒困於此ᄒᆞ니 此天之亡我ㅣ라 非戰之罪也ㅣ니 今日固決死ᄒᆞ야 願爲諸君決戰ᄒᆞ야 必三勝之ᄒᆞ고 爲諸君潰圍ᄒᆞ야 斬將刈旗ᄒᆞ야 令諸君으로 知天亡我ㅣ라 非戰之罪也ᄒᆞ리라 乃分其騎ᄒᆞ야 以爲四隊ᄒᆞ야 四嚮ᄒᆞᆫ디 漢軍이 圍之數重이어ᄂᆞᆯ 項王이 謂其騎曰吾ㅣ 爲公取彼一將ᄒᆞ리라 令四面騎로 馳下ᄒᆞ야 期山東爲三處ᄒᆞ고 於是에 項王이 大呼馳下ᄒᆞᆫ디 漢軍이 皆披靡러라 遂

檥 비언 덕에 될의

斬漢一將ᄒᆞ다 是時에 赤泉侯爲騎將ᄒᆞ야 追項王이어놀 項王이
瞋目而叱之ᄒᆞ니 赤泉侯人馬ㅣ俱驚ᄒᆞ야 辟易數里러라 與其
騎會爲三處ᄒᆞᆫ듸 漢軍이 不知項王所在ᄒᆞ야 乃分軍爲三ᄒᆞ야
復圍之어놀 項王이 乃馳ᄒᆞ야 復斬漢一都尉ᄒᆞ고 殺數十百人
ᄒᆞ고 復聚其騎ᄒᆞ니 亡其兩騎耳러라 乃謂其騎曰何如오 騎皆
伏曰如大王言ᄒᆞ니이다 於是에 項王이 乃欲東渡烏江이어놀 烏
江亭長이 檥船待ᄒᆞ야 謂項王曰江東이 雖少ㅣ나 地方이 千
里오 衆數十萬人이니 亦足王也ㅣ라 願大王은 急渡ᄒᆞ소셔 今獨
臣有船ᄒᆞ니 漢軍이 至라도 無以渡ㅣ리이다 項王笑曰天之亡我ㅣ니
我何渡爲리오 且籍이 與江東子弟八千人으로 渡江而西라가
今無一人還ᄒᆞ니 縱江東父兄이 憐而王我ㄴ덜 我何面目見
之리오 縱彼不言이ᄂᆞ 籍이 獨不愧於心乎아 乃謂亭長曰吾

知公長者왜라 吾騎此馬五歲에 所當無敵ᄒᆞ며 嘗一日行千里리니 不忍殺之ᄒᆞ야 以賜公ᄒᆞ노라 乃令騎皆下馬步行ᄒᆞ야 持短兵接戰ᄒᆞ니 獨籍의 所殺漢軍이 數百人이오 項王이 身亦被十餘創이러라 顧見漢騎司馬呂馬童이 曰若이 非吾故人乎아 馬童이 面之ᄒᆞ고 指王翳曰此項王也ㅣ로다 項王이 乃曰吾聞漢購我頭를 千金이오 邑萬戶라ᄒᆞ니 吾爲若德호리라 乃自刎而死ᄒᆞ다 王翳取其頭ᄒᆞ고 餘騎相蹂踐爭項王相殺者數十人이러니 最其後郞中騎楊喜와 騎司馬呂馬童과 郞中呂勝、楊武ㅣ 各得其一體ᄒᆞ야 五人이 共會其體ᄒᆞ니 皆是라 分其地爲五ᄒᆞ야 封呂馬童爲中水侯ᄒᆞ고 封王翳爲杜衍侯ᄒᆞ고 封楊喜爲赤泉侯ᄒᆞ고 封楊武爲吳防侯ᄒᆞ고 封呂勝爲涅陽侯ᄒᆞ다 項王이 已死에 楚地皆降漢이로ᄃᆡ 獨魯不下어늘 漢이 乃引天

下兵ᄒᆞ야欲屠之러니爲其守禮義ᄒᆞ야爲主死節이라ᄒᆞ야乃持項王頭ᄒᆞ야示魯ᄒᆞᆫᄃᆡ魯父兄이乃降ᄒᆞ다始楚懷王이初封項籍爲魯公이러니及其死에魯最後下ㅣ라故로以魯公禮로葬項王穀城ᄒᆞ고漢王爲發哀ᄒᆞ야泣之而去ᄒᆞ고諸項氏枝屬을漢王이皆不誅ᄒᆞ고乃封項伯爲射陽侯ᄒᆞ고桃侯平皐侯、玄武侯皆項氏어늘賜姓劉氏ᄒᆞ다

太史公曰吾聞之周生ᄒᆞ니曰舜目盖重瞳子ㅣ오又聞項羽亦重瞳子ㅣ라ᄒᆞ니羽豈其苗裔耶아何興之暴也오夫秦失其政에陳涉이首難ᄒᆞ고豪傑이蠭起ᄒᆞ야相與竝爭에不可數ㅣ니然이나羽非有尺寸이라乘勢起隴畝之中ᄒᆞ야三年에遂將五諸侯滅秦ᄒᆞ고分裂天下而封王侯ᄒᆞ야政自羽出ᄒᆞ야號爲霸王ᄒᆞ니位雖不終이나近古以來未嘗有也ㅣ라及羽背關懷

楚ᄒᆞ고放逐義帝而自立ᄒᆞ야셔怨王侯叛己ᄒᆞ니難矣로다自矜功伐ᄒᆞ야奮其私智而不師古ᄒᆞ고謂覇王之業을欲以力征이라ᄒᆞ야經營天下五年에卒亡其國ᄒᆞ야身死東城이로ᄃᆡ尚不覺悟ᄒᆞ야而不自責ᄒᆞ니過矣로다乃引天亡我非用兵之罪也ㅣ라ᄒᆞ니豈不謬哉아

伍子胥傳

伍子胥者ᄂᆞᆫ楚人也ㅣ라名은員이니員의父曰伍奢ㅣ오兄曰伍尚이라其先曰伍擧ㅣ以直諫으로事楚莊王ᄒᆞ야有顯이라故로其後世有名於楚ㅣ러라楚平王이有太子ᄒᆞ니名曰建이니使伍奢爲太傅ᄒᆞ고費無忌爲少傅ᄒᆞ니無忌不忠於太子建이러니平王이使無忌로爲太子取婦於秦ᄒᆞᆫᄃᆡ秦女好ㅣ어ᄂᆞᆯ無忌馳歸ᄒᆞ야報平王曰秦女ㅣ絕美ᄒᆞ니王可自取ᄒᆞ고而更爲太子取婦

라ᄒᆞ되 平王이遂自取秦女而絶愛幸之ᄒᆞ야生子軫ᄒᆞ고更爲太子取婦ᄒᆞ다 無忌旣以秦女로自媚於平王이라因去太子而事平王이러니 恐一旦平王이卒而太子立殺己ᄒᆞ야乃因讒太子建ᄒᆞ니 建의母ᄂᆞᆫ蔡女也ㅣ라 無寵於平王이러니 平王이稍益疏建ᄒᆞ야 使建으로守城父備邊兵이러라 頃之오 無忌又日夜言太子短於王曰太子以秦女之故로不能無이怨望ᄒᆞ니願王은少自備也ᄒᆞ소서 自太子居城父將兵으로外交諸侯ᄒᆞ야且欲入爲亂矣라ᄒᆞ되 平王이乃召其太傅伍奢ᄒᆞ야考問之ᄒᆞ니伍奢ㅣ知無忌讒太子於平王ᄒᆞ고因曰王獨奈何以讒賊小臣으로疏骨肉之親乎아 無忌曰王今不制면其事成矣리니王且見禽ᄒᆞ리이다 於是에平王이怒ᄒᆞ야囚伍奢而使城父司馬奮揚으로往殺太子ᄒᆞᆫ되 行未至에 奮揚이使人先告太子ᄒᆞᆫ되太子ᄂᆞᆫ

詢 욕될 구

急去ᄒᆞ라 不然이면 將誅ㅣ리라 太子建이 亡奔宋이어늘 無忌言於平王曰伍奢有二子皆賢ᄒᆞ니 不誅면 且爲楚憂ᄒᆞ리니 可以其父로 質而召之니 不然이면 且爲楚患ᄒᆞ리이다 王이 使使謂伍奢曰能致汝二子則生ᄒᆞ고 不能則死ㅣ리라 伍奢ㅣ 曰尙은 爲人이 仁ᄒᆞ니 呼必來어니와 員은 爲人이 剛戾忍詢ㅣ라 能成大事ㅣ리니 彼見來之면 幷禽ᄒᆞ고 其勢必不來리라 王이 不聽ᄒᆞ고 使人召二子曰來ᄒᆞ면 吾生汝父어니와 不來면 今殺奢也ᄒᆞ리라 伍尙이 欲往이어늘 員曰楚之召我兄弟는 非欲以生我父也ㅣ라 恐有脫者ᄒᆞ야 後生患이라 故로 以父爲質ᄒᆞ고 詐召二子ᄒᆞᄂᆞ니 二子ㅣ 去則父子ㅣ 俱死ㅣ리니 何益父之死ㅣ리오 往而令讎不得報耳리니 不如奔他國ᄒᆞ야 借力以雪父之耻니 俱滅無爲也ㅣ니라 伍尙曰我知往에 終不能全父命이나 然이ᄂᆞ 恨父ㅣ 召我以求生이어늘

而不往ᄒᆞ고後不能雪恥ᄒᆞ야終爲天下笑耳일가ᄒᆞ노라謂員可去
矣어다汝能報殺父之讎ㅣ라라我將歸死ᄒᆞ리라尙이旣就執에使
者ㅣ捕伍胥이늘伍胥ㅣ貫弓執矢ᄒᆞ고嚮使者ᄒᆞᆫ대使者ㅣ不敢
進이어늘伍胥ㅣ遂亡ᄒᆞ야聞太子建之在宋ᄒᆞ고往從之ᄒᆞ다奢ㅣ聞
子胥之亡也ᄒᆞ고曰楚國君臣이且苦兵矣로다伍尙이至楚
ᄒᆞ니楚ㅣ幷殺奢與尙也ᄒᆞ니라伍胥ㅣ旣至宋에宋有華氏之
亂이어늘乃與太子建으로俱奔於鄭ᄒᆞ니鄭人이甚善之러라太子
建이又適晉ᄒᆞᆫ대晉頃公曰太子ㅣ旣善鄭이라鄭信太子ᄒᆞᄂᆞ니
太子ㅣ能爲我內應ᄒᆞ고而我攻其外면滅鄭이必矣리니滅鄭
而封太子ᄒᆞ리라太子ㅣ乃還鄭ᄒᆞ야事未會에會自私欲殺其
從者러니從者ㅣ知其謀ㅣ라乃告之於鄭ᄒᆞ니鄭定公이與子產
으로誅殺太子建이어늘建이有子ᄒᆞ니名勝이라伍胥ㅣ懼ᄒᆞ야乃與勝

으로 俱奔吳ᄒᆞᆯ서 到昭關ᄒᆞ야는 昭關이 欲執之어늘 伍胥ㅣ 遂與勝으로
獨身步走ᄒᆞ야 幾不得脫ᄒᆞ고 追者在後ㅣ러니 至江ᄒᆞ야는 江上에 有
一漁父乘船이라가 知伍胥之急ᄒᆞ고 乃渡伍胥ᄒᆞᆫ디 伍胥ㅣ 旣渡
에 解其劒曰 此劍이 直百金이니 以與父ᄒᆞ노라 父ㅣ 曰 楚國之
法에 得伍胥者를 賜粟五萬石과 爵執珪ㅣ라ᄒᆞ니 豈徒百金劒
耶아ᄒᆞ고 不受ᄒᆞ다 伍胥ㅣ 未至吳而疾ᄒᆞ야 止中道乞食이러니 至於
吳ᄒᆞ야는 吳王僚ㅣ 方用事ᄒᆞ고 公子光이 爲將이어늘 伍胥ㅣ 乃因
公子光ᄒᆞ야 以求見吳王이러니 久之오 楚平王이 以其邊邑鍾
離與吳邊邑卑梁氏로 俱蠶이라가 兩女子ㅣ 爭桑相攻이라 乃
大怒ᄒᆞ야 至於兩國이 擧兵相伐ᄒᆞᆯ서 吳使公子光으로 伐楚ᄒᆞ야 拔
其鍾離居巢而歸ᄒᆞ다 伍子胥ㅣ 說吳王僚曰 楚를 可破也
ㅣ니 願復遣公子光ᄒᆞ소셔 公子光이 謂吳王曰 彼伍胥의 父兄

諸 음저

犂 보습리

嚭 클비

이爲戮於楚ㅣ라而勸王伐楚者ᄂᆞᆫ欲以自報其讎耳라伐楚도라未可破也ㅣ니이다伍胥ㅣ知公子光이有內志ᄒᆞ야欲殺王而自立ᄒᆞ니未可說以外事ㅣ라ᄒᆞ고乃進專諸於公子光ᄒᆞ고退而與太子建之子勝으로耕於野러라五年而楚平王이卒ᄒᆞ니初에平王의所奪太子建秦女ㅣ生子軫이러니及平王이卒ᄒᆞ야ᄂᆞᆫ軫이竟立爲後ᄒᆞ니是爲昭王이라吳王僚ㅣ因楚喪ᄒᆞ야使二公子로將兵往襲楚어ᄂᆞᆯ楚ㅣ發兵ᄒᆞ야絕吳兵之後ᄒᆞ니不得歸라吳國이內空이어ᄂᆞᆯ而公子光이乃令專諸로襲刺吳王僚而自立ᄒᆞ니是爲吳王闔廬ㅣ라闔廬ㅣ既立得志에乃召伍員ᄒᆞ야以爲行人ᄒᆞ야而與謀國事ᄒᆞ고楚ㅣ誅其大臣郤宛、伯州犂ᄒᆞ니伯州犂之孫伯嚭、亡奔吳어ᄂᆞᆯ吳亦以嚭로爲大夫ᄒᆞ다前王僚의所遣二公子將兵伐楚者ㅣ道絕不得歸

槪뎌기기

러니後聞闔廬ㅣ弑王僚自立ᄒᆞ고遂以其兵으로降楚ᄒᆞ니楚ㅣ封之於舒ᄒᆞ다闔廬ㅣ立三年에乃興師ᄒᆞ야與伍胥伯嚭로伐楚拔舒ᄒᆞ고遂禽故吳反二將軍ᄒᆞ고因欲至郢이러니將軍孫武ㅣ曰民勞未可ᄒᆞ니且待之ᄒᆞ소서乃歸ᄒᆞ다四年에吳伐楚ᄒᆞ야取六與潛ᄒᆞ고五年에伐越敗之ᄒᆞ고六年에楚昭王이使公子囊瓦로將兵伐吳어늘吳ㅣ使伍員으로迎擊大破楚軍於豫章ᄒᆞ고取楚之居巢ᄒᆞ다九年에吳王闔廬ㅣ謂子胥、孫武曰始子ㅣ言郢을未可入이러니今果何如오二子ㅣ對曰楚將囊瓦ㅣ貪而唐蔡ㅣ皆怨之ᄒᆞᄂᆞ니王必欲大伐之딘必先得唐蔡라ᄉᆞ乃可ㅣ리이다闔廬ㅣ聽之ᄒᆞ고悉興師ᄒᆞ야與唐蔡로伐楚ᄒᆞᆯ시與楚로夾漢水而陳이러니吳王之弟夫槪ㅣ將兵請從이어늘王이不聽ᄒᆞᆫ디遂以其屬五千人으로擊楚將子常ᄒᆞ니子常이敗走奔

鄖 나라일홈 운

綦 반뵈 긔

鄭이어늘 於是에 吳乘勝而前ᄒᆞ야 五戰遂至郢ᄒᆞ다 己卯에 楚昭王이 出奔ᄒᆞ고 庚辰에 吳王이 入郢ᄒᆞ다 昭王이 出ᄒᆞ야 亡入雲夢ᄒᆞ니 盜擊王이어늘 王이 走鄖이러니 鄖公弟懷曰平王이 殺我父ᄒᆞ니 我殺其子ㅣ 不亦可乎아 鄖公이 恐其弟殺王ᄒᆞ야 與王奔隨어늘 吳兵이 圍隨ᄒᆞ고 謂隨人曰周之子孫在漢川者를 楚盡滅之ᄒᆞ니라 隨人이 欲殺王이어늘 王子綦匿王ᄒᆞ고 己自爲王ᄒᆞ야 以當之러니 隨人이 卜與王於吳ᄒᆞ니 不吉이라 乃謝吳不與王ᄒᆞ다 始伍員이 與申包胥로 爲交ㅣ러니 員之亡也에 謂包胥曰我必覆楚호리라 包胥ㅣ 曰我必存之호리라 ᄒᆞ더니 及吳兵이 入郢에 伍子胥ㅣ 求昭王이라가 旣不得ᄒᆞ고 乃掘楚平王墓ᄒᆞ야 出其尸ᄒᆞ야 鞭之三百ᄒᆞ고 然後已ᄒᆞ니 申包胥ㅣ 亡於山中ᄒᆞ야 使人謂子胥曰子之報讎ㅣ 其以甚乎ㄴ뎌 吾ㅣ 聞之호니 人衆者ㅣ 勝天이오 天定이면 亦

能勝人이라ᄒᆞ니 今子ㅣ 故平王之臣으로 親北面而事之라가 今至
於僇死人ᄒᆞ니 此豈其無天道之極乎ㅣ리오 伍子胥ㅣ 曰爲
我謝申包胥ᄒᆞ라 曰吾日暮途遠ᄒᆞ니 吾故倒行而逆施之ᄒᆞ노라
於是에 申包胥ㅣ 走秦告急求救於秦ᄒᆞ니 秦이 不許어늘 包胥
ㅣ 立於秦廷晝夜哭ᄒᆞ야 七日七夜을 不絕其聲ᄒᆞ니 秦哀公
이 憐之曰楚雖無道나 有臣若是ᄒᆞ니 可無存乎아 乃遣車
五百乘ᄒᆞ야 救楚擊吳ᄒᆞ야 六月에 敗吳兵於稷ᄒᆞ다 會에 吳王이
久留楚ᄒᆞ야 求昭王이러니 而闔廬弟夫概ㅣ 乃亡歸ᄒᆞ야 自立爲
王이어늘 闔廬ㅣ 聞之ᄒᆞ고 乃釋楚而歸ᄒᆞ야 擊其弟夫概ᄒᆞᆫ대 夫概ㅣ
敗走ᄒᆞ야 遂奔楚ᄒᆞ니라 楚昭王이 見吳有內亂ᄒᆞ고 乃復入郢ᄒᆞ야
封夫概於堂谿ᄒᆞ야 爲堂谿氏ᄒᆞ다 楚ㅣ 復與吳戰ᄒᆞ야 敗吳ᄒᆞ니 吳
王이 乃歸ᄒᆞ다 後二歲에 闔廬ㅣ 使太子夫差로 將兵伐楚ᄒᆞ야

都고을일흠야

取番ᄒᆞᆫᄃᆡ 楚ㅣ 懼吳復大來ᄒᆞ야 乃去郢ᄒᆞ고 徙於鄀ᄒᆞ다 當是時ᄒᆞ야 吳以伍子胥、孫武之謀로 西破彊楚ᄒᆞ고 北威齊晉ᄒᆞ고 南服越人이러라 其後四年에 孔子ㅣ 相魯ᄒᆞ시다 後五年에 伐越ᄒᆞᆫᄃᆡ 越王句踐이 迎擊ᄒᆞ야 敗吳於姑蘇ᄒᆞ야 傷闔廬指ᄒᆞ니 軍郤ᄒᆞ고 廬闔ㅣ 病創將死에 謂太子夫差曰爾忘句踐이 殺爾父乎아 夫差ㅣ 對曰不敢忘호리이다 是夕에 闔廬死ᄒᆞ다 夫差ㅣ 旣立爲王에 以伯嚭爲太宰ᄒᆞ야 習戰射ㅣ러니 二年後에 伐越ᄒᆞ야 敗越於夫湫ᄒᆞᆫᄃᆡ 越王句踐이 乃以餘兵五千人으로 棲於會稽之上ᄒᆞ고 使大夫種으로 厚幣遺吳太宰嚭ᄒᆞ야 以請和ᄒᆞ고 求委國爲臣妾이어늘 吳王이 將許之러니 伍子胥ㅣ 諫曰越王의 爲人이 能辛苦ᄒᆞᄂᆞ니 今王이 不滅ᄒᆞ면 後必悔之리이다 吳王이 不聽ᄒᆞ고 用太宰嚭計ᄒᆞ야 與越平ᄒᆞ다 其後五年에 而吳王이 聞齊景公死

劓 코버일의

ᄒᆞ而大臣爭寵ᄒᆞ며新君이弱ᄒᆞ고乃興師北伐齊어ᄂᆞᆯ伍子胥ㅣ諫曰句踐이食不重味ᄒᆞ며吊死問疾ᄒᆞ야且欲有所用之也ㅣ니此人이不死ㅣ면必爲吳患이라今吳之有越이猶人之腹心疾也ㅣ어ᄂᆞᆯ而王不先이越而乃務齊ᄒᆞ니不亦謬乎아吳王이不聽ᄒᆞ고伐齊ᄒᆞ야大敗齊師於艾陵ᄒᆞ고遂滅鄒魯之君以歸ᄒᆞ고益疏子胥之謀ㅣ러라其後四年에吳王이將北伐齊어ᄂᆞᆯ越王句踐이用子貢之謀ᄒᆞ야乃率其衆ᄒᆞ야以助吳ᄒᆞ고而重寶로以獻遺太宰嚭ᄒᆞ니太宰嚭旣數受越賂라其愛信越이殊甚ᄒᆞ야日夜爲言於吳王이라吳王이信用嚭之計어ᄂᆞᆯ伍子胥ㅣ諫曰夫越은腹心之病이어ᄂᆞᆯ今信其浮辭詐僞而貪齊ᄒᆞ니破齊라도譬猶石田이라無所用之오且盤庚之誥에曰有顚越不恭劓殄滅之俾無遺育無使易種于玆邑이라ᄒᆞ니此商之所以

興이니 願王은 釋齊而先越ᄒᆞ소셔 若不然이면 後將悔之나 無及ᄒᆞ리이다 而吳王이 不聽ᄒᆞ고 使子胥於齊어늘 子胥ㅣ 臨行ᄒᆞ야 謂其子曰吾數諫王이로ᄃᆡ 王이 不用ᄒᆞ니 吾今見吳之亡矣라 汝與吳俱亡이 無益也ㅣ라ᄒᆞ고 乃屬其子於齊鮑牧而還報吳ㅣ러니 吳太宰嚭ㅣ 旣與子胥有隙ᄒᆞ야 因讒曰子胥의 爲人이 剛暴少恩猜賊ᄒᆞ니 其怨望에 恐爲深禍也ᄒᆞᆯ가ᄒᆞ노이다 前日에 王欲伐齊子胥以爲不可ㅣ라가 王卒伐之ᄒᆞ야 而有大功이라 子胥ㅣ 耻其計謀不用ᄒᆞ야 乃反怨望ᄒᆞ고 而今王이 又復伐齊어늘 子胥ㅣ 專愎彊諫ᄒᆞ야 沮毁用事ᄒᆞ고 徒幸吳之敗ᄒᆞ야 以自勝其計謀耳라 今王이 自行ᄒᆞ야 悉國中武力以伐齊어늘 而子胥ㅣ 諫不用이라 因輟謝ᄒᆞ야 詳病不行ᄒᆞ니 王不可不備니 此ㅣ 起禍不難이리이다 且嚭使人微伺之ᄒᆞ니 其使於齊也에 乃屬其子於

屬 音촉

鴟 소리미치

齊之鮑氏라ᄒᆞ니 夫爲人臣에 內不得意ᄒᆞ야 外倚諸侯ᄒᆞ며 自以爲先王之謀臣으로 今不見用이라ᄒᆞ야 常鞅鞅怨望ᄒᆞ니 願王은 早圖之ᄒᆞ소서 吳王曰 微子之言이라도 吾亦疑之라ᄒᆞ고 乃使使賜伍子胥屬鏤之劒曰 子以此死ᄒᆞ라 伍子胥ㅣ 仰天歎曰 嗟乎ㅣ라 讒臣嚭爲亂矣어놀 王이 乃反誅我ㅣ로다 我令若父霸ᄒᆞ고 自若未立時로 諸公子ㅣ 爭立이어놀 我以死爭之於先王ᄒᆞ니 幾不得立이다가 若既得立ᄒᆞ야 欲分吳國予我어놀 我顧不敢望也호니 然이나 今若이 聽諛臣言ᄒᆞ야 以殺長者로다ᄒᆞ고 乃告其舍人曰 必樹吾墓上以梓ᄒᆞ야 令可以爲器어든 而抉吾眼ᄒᆞ야 懸吳東門之上ᄒᆞ야 以觀越寇之入滅吳也ᄒᆞ라 乃自剄死ᄒᆞᆫᄃᆡ 吳王이 聞之ᄒᆞ고 大怒ᄒᆞ야 乃取子胥尸ᄒᆞ야 盛以鴟夷革ᄒᆞ야 浮之江中ᄒᆞ니 吳人이 憐之ᄒᆞ야 爲立祠於江上ᄒᆞ고 因命曰胥山이라ᄒᆞ다 吳

王이 旣誅伍子胥ᄒᆞ고 遂伐齊러니 齊鮑氏殺其君悼公而立陽生이어ᄂᆞᆯ 吳王이 欲討其賊이라가 不勝而去ᄒᆞ다 其後二年에 吳王이 召魯衛之君ᄒᆞ야 會之橐皐ᄒᆞ고 其明年에 因北大會諸侯於黃池ᄒᆞ야 以令周室이러니 越王句踐이 襲殺吳太子ᄒᆞ고 破吳兵ᄒᆞ니 吳王이 聞之ᄒᆞ고 乃歸ᄒᆞ야 使使厚幣ᄒᆞ야 與越平ᄒᆞ다 後九年에 越王句踐이 遂滅吳ᄒᆞ고 殺王夫差而誅太宰嚭ᄒᆞ니 以不忠於其君而外受重賂ᄒᆞ야 與已比周也ㅣ러라 伍子胥ㅣ 初所與俱亡ᄒᆞ얀 故楚太子建之子勝者ㅣ 在於吳ㅣ러니 吳王夫差時에 楚惠王이 欲召勝歸楚어ᄂᆞᆯ 葉公이 諫曰 勝이 好勇而陰求死士ᄒᆞ니 殆有私乎ㅣᆫ뎌 惠王이 不聽ᄒᆞ고 遂召勝ᄒᆞ야 使居楚之邊邑鄢ᄒᆞ고 號爲白公이라ᄒᆞ다 白公이 歸楚三年에 而吳誅子胥ᄒᆞ니라 白公勝이 旣歸楚ᄒᆞ야 怨鄭之殺其父ᄒᆞ야 乃陰養

死士ᄒᆞ야 求報鄭ᄒᆞᆯ시 歸楚五年에 請伐鄭이어늘 楚令尹子西ㅣ 許之라가 兵未發而晉伐鄭ᄒᆞ니 鄭이 請救於楚ㅣ라 楚ㅣ 使子西로 往救ᄒᆞᆯ시 與盟而還이어늘 白公勝이 怒曰非鄭之仇ㅣ라 乃子西也ㅣ라ᄒᆞ고 勝이 自礪劍이어늘 人이 問曰何以爲오 勝曰欲以殺子西ᄒᆞ노라 子西ㅣ 聞之ᄒᆞ고 笑曰勝은 如卵耳라 何能爲也ㅣ리오 其後四歲에 白公勝이 與石乞로 襲殺楚令尹子西와 司馬子綦於朝ᄒᆞ고 石乞曰不殺王이면 不可ㅣ라ᄒᆞ고 乃劫之ᄒᆞᆫ대 王이 如高府러니 石乞의 從者屈固ㅣ 負楚惠王ᄒᆞ야 亡走昭夫人之宮ᄒᆞ다 葉公이 聞白公이 爲亂ᄒᆞ고 率其國人攻白公ᄒᆞᆫ대 白公之徒ㅣ 敗亡走山中ᄒᆞ야 自殺이어늘 而虜石乞而問白公尸處ᄒᆞᆫ대 不言이라 將烹이러니 石乞曰事成爲卿이오 不成而烹이 固其職也ㅣ라ᄒᆞ고 終不肯告其尸處ㅣ러라 遂烹石乞而求惠王ᄒᆞ야

復立之ᄒᆞ다

太史公曰怨毒之於人에甚矣哉라王者도尙不能行之於臣下어든況同列乎ᄯᆞ녀向令伍子胥로從奢俱死ㅣ런덜何異螻蟻리오棄小義雪大耻ᄒᆞ야名垂於後世ᄒᆞ니悲夫ㅣ로다方子胥ㅣ窘於江上ᄒᆞ야道乞食에志豈嘗須臾忘郢耶아故隱忍就功名ᄒᆞ니非烈丈夫ㅣ면孰能致此哉리오白公이如不自立爲君者ㅣ런덜其功謀을亦不可勝道者哉랏다

屈原傳

屈原者는名이平이니楚之同姓也ㅣ라爲楚懷王左徒ᄒᆞ야서博聞彊志ᄒᆞ야明於治亂ᄒᆞ며嫺於辭令ᄒᆞ야入則與王圖議國事ᄒᆞ야以出號令ᄒᆞ고出則接于賓客ᄒᆞ며應對諸侯ᄒᆞ니王이甚任之러라上官大夫ㅣ與之同列ᄒᆞ야爭寵而心害其能이러니懷王이

嫺 닉힐 한

使屈原으로造爲憲令ᄒᆞᆯ새屈平이屬草藁未定에上官大夫ㅣ見而欲奪之어ᄂᆞᆯ屈平이不與ᄒᆞᆫ대因讒之曰王이使屈平爲令이어시ᄂᆞᆯ衆莫不知ᄒᆞ니每一令出에平이代其功曰以爲非我면莫能爲也ㅣ라ᄒᆞᄂᆞ이다王이怒而疏屈平이어ᄂᆞᆯ屈平이疾王聽之不聽也ᄒᆞ며讒諂之蔽明也ᄒᆞ며邪曲之害公也ᄒᆞ며方正之不容也ㅣ라故로憂愁幽思而作離騷ᄒᆞ니離騷者는猶離憂也ㅣ니夫天者는人之始也오父母者는人之本也ㅣ니人窮則反本이라故로勞苦倦極에未嘗不呼天也ᄒᆞ며疾痛慘怛에未嘗不呼父母也ᄒᆞᄂᆞ니屈平이正道直行ᄒᆞ며竭忠盡智ᄒᆞ야以事其君이어ᄂᆞᆯ讒人이間之ᄒᆞ니可謂窮矣라信而見疑ᄒᆞ며忠而被謗이어니能無怨乎아屈平之作離騷는蓋自怨生也ㅣ라國風은好色而不淫ᄒᆞ고小雅는怨誹而不亂ᄒᆞ니若離騷者는可謂

皭흴조

兼之矣로다上稱帝嚳ᄒᆞ고下道齊桓ᄒᆞ고中述湯武ᄒᆞ야以刺世事ᄒᆞ며明道德之廣崇과治亂之條貫ᄒᆞ야靡不畢見ᄒᆞ고其文約ᄒᆞ며其辭微ᄒᆞ며其志潔ᄒᆞ며其行廉ᄒᆞ며其稱文小而其指極大ᄒᆞ며擧類邇而見義遠ᄒᆞ니其志潔이라故로其稱物이芳ᄒᆞ고其行廉이라故로死而不容自疏ᄒᆞ야濯淖汙泥之中에蟬蛻於濁穢ᄒᆞ야以浮游塵埃之外ᄒᆞ야不獲世之滋垢ᄒᆞ야皭然泥而不滓者也ㅣ니推此志也ㅣ면雖與日月爭光이라도可也ㅣ라니屈平이旣絀애其後秦이欲伐齊로ᄃᆡ齊與楚ㅣ從親이라惠王이患之ᄒᆞ야乃令張儀로詳去秦ᄒᆞ고厚幣委質事楚曰秦甚憎齊어늘齊與楚ㅣ從親ᄒᆞ니楚誠能絶齊면秦이願獻商於之地六百里ᄒᆞᄂᆞ이다楚懷王이貪而信張儀ᄒᆞ야遂絶齊ᄒᆞ고使使如秦受地ᄒᆞᄃᆡ張儀許之曰儀與王約六里오不聞六百里호라楚使

詭 괴휼 홈궤

ㅣ怒去ᄒᆞ야 歸告懷王이어늘 懷王이 怒ᄒᆞ야 大興師伐秦ᄒᆞᆫ대 秦이 發兵擊之ᄒᆞ야 大破楚師於丹淅ᄒᆞ야 斬首八萬ᄒᆞ고 虜楚將屈匄ᄒᆞ고 遂取楚之漢中地ᄒᆞ다 懷王이 乃悉發國中兵以深入擊秦ᄒᆞ야 戰於藍田이러니 魏聞之ᄒᆞ고 襲楚至鄧이어늘 楚兵이 懼ᄒᆞ야 自秦歸而齊竟怒ᄒᆞ야 不救楚ᄒᆞ니 楚大困이러라 明年에 秦이 割漢中地與楚以和ᄒᆞᆫ대 楚王曰不願得地오 願得張儀而甘心焉ᄒᆞ노라 張儀聞ᄒᆞ고 乃曰以一儀而當漢中地ᄒᆞ니 臣請往如楚ᄒᆞ리라 如楚ᄒᆞ야 又因厚幣用事者臣靳尙ᄒᆞ야 而設詭辯於懷王之寵姬鄭袖ᄒᆞᆫ대 懷王이 竟聽鄭袖ᄒᆞ야 復釋去張儀ᄒᆞ다 是時에 屈平이 旣疏ᄒᆞ야 不復在位러니 使於齊라가 顧反ᄒᆞ야 諫懷王曰何不殺張儀오 懷王이 悔ᄒᆞ야 追張儀不及ᄒᆞ다 其後에 諸侯ㅣ 共擊楚ᄒᆞ야 大破之ᄒᆞ고 殺其將唐昧ᄒᆞ다 時에 秦昭王이 與楚婚ᄒᆞ야 欲與懷王會라

卷도라 睠불권

懷王이欲行이어늘屈平曰秦은虎狼之國이라不可信이니不如無行이니라懷王의稚子子蘭이勸王行호되奈何絕秦歡고懷王이卒行ᄒᆞ야入武關ᄒᆞᆫ되秦伏兵이絕其後ᄒᆞ고因留懷王以求割地어늘懷王이怒ᄒᆞ야不聽ᄒᆞ고亡走趙ᄒᆞᆫ되趙不內이어늘復之秦ᄒᆞ야竟死於秦而歸葬ᄒᆞ니長子頃襄王이立ᄒᆞ야以其弟子蘭爲令尹ᄒᆞ다楚人이旣咎子蘭이以勸懷王入秦而不反也ㅣ라屈平이旣嫉之ᄒᆞ야雖放流ᄒᆞ나睠顧楚國ᄒᆞ며繫心懷王ᄒᆞ야不忘欲反ᄒᆞ야冀幸君之一悟、俗之一改也ᄒᆞ야其存君興國而欲反覆之ᄒᆞ야一篇之中에三致志焉이러라然이나終無可奈何라故로不可以反ᄒᆞ니卒以此見懷王之終不悟也로다人君이無愚智賢不肖히莫不欲求忠以自爲ᄒᆞ며擧賢以自佐로되然이나亡國破家ㅣ相隨屬ᄒᆞ고而聖君治國을累世而不見者는其所謂忠者

不忠이며 而所謂賢者不賢也ㅣㄹ서니라 懷王이 以不知忠臣之分이 故로 內惑於鄭袖ᄒᆞ며 外欺於張儀ᄒᆞ고 疏屈平而信上官大夫、令尹子蘭ᄒᆞ야 兵挫地削ᄒᆞ야 亡其六郡ᄒᆞ고 身客死於秦ᄒᆞ야 爲天下笑ᄒᆞ니 此不知人之禍也ㅣ라 易에 曰井渫不食、爲我心惻、可以汲、王明、並受其福ᄒᆞ리라ᄒᆞ니 王之不明이 豈足福哉리오 令尹子蘭이 聞之大怒ᄒᆞ야 卒使上官大夫로 短屈原於頃襄王이어늘 頃襄王이 怒而遷之ᄒᆞᆫ대 屈原이 至於江濱ᄒᆞ야 被髮行吟澤畔ᄒᆞ니 顔色이 憔悴ᄒᆞ고 形容이 枯槁어늘 漁父ㅣ 見而問之曰子非三閭大夫歟아 何故而至此오 屈原曰擧世混濁이어늘 而我獨淸이오 衆人이 皆醉어늘 而我獨醒이라 是以見放호라 漁父ㅣ 曰夫聖人者ᄂᆞᆫ 不凝滯於物ᄒᆞ야 而能與世推移ᄒᆞᄂᆞ니 擧世混濁이어든 何不隨其流而揚其波ᄒᆞ며 衆人이 皆醉어든 何不餔其

醨 물근술

瑾 붉근옥 근

蠖 자벌레 확

糟而啜其醨ᄒᆞ고何故懷瑾握瑜ᄒᆞ야而自令見放爲오屈原曰吾聞之ᄒᆞ니新沐者는必彈冠ᄒᆞ며新浴者는必振衣ᄒᆞᄂᆞ니人又誰能以身之察察로受物之汶汶者乎리오寧赴常流ᄒᆞ야而葬乎江魚腹中耳언뎡又安能皓皓之白으로而蒙世之溫蠖乎리오乃作懷沙之賦ᄒᆞ고於是懷石ᄒᆞ야遂自投汨羅以死ᄒᆞ다屈原이既死之後에楚有宋玉、唐勒、景差之徒者ㅣ皆好辭而以賦見稱이로ᄃᆡ然이나皆祖屈原之從容辭令이오終莫敢直諫이러라其後에楚ㅣ日以削ᄒᆞ야數十年에竟爲秦所滅ᄒᆞ다自屈原沈汨羅後百有餘年에漢有賈生이爲長沙王太傅ᄒᆞ야過湘水ᄒᆞᆯ서投書以弔屈原ᄒᆞ니라

太史公曰余讀離騷天問招魂哀郢ᄒᆞ고悲其志ᄒᆞ다가適長沙ᄒᆞ야觀屈原所自沈淵ᄒᆞ고未嘗不垂涕ᄒᆞ야想見其爲人호라及

摺 접을 섭

見賈生吊之ᄒᆞ고又怪屈原이以彼其材로遊諸侯ㅣ면何國不容이완ᄃᆡ而自令若是오ᄒᆞ다가讀服鳥賦ᄒᆞ니同死生輕去就라又爽然自失矣호라

范雎傳

范雎者ᄂᆞᆫ魏人也ㅣ라字ᄂᆞᆫ叔이니游說諸侯ᄒᆞ야欲見魏王호ᄃᆡ家貧無以自資ᄒᆞ야乃先事魏中大夫須賈ㅣ러니須賈ㅣ爲魏昭王ᄒᆞ야使於齊에范雎ㅣ從留數月未得報ㅣ러니齊襄王이聞雎辯口ᄒᆞ고乃使人으로賜雎金十斤及牛酒어ᄂᆞᆯ雎ㅣ辭謝不敢受ㅣ러니須賈ㅣ知之ᄒᆞ고大怒ᄒᆞ야以爲雎ㅣ持魏國陰事ᄒᆞ야告齊라故로得此饋ᄒᆞ라ᄒᆞ야令雎로受其牛酒ᄒᆞ고還其金이러니既歸에心怒雎ᄒᆞ야以告魏相ᄒᆞ니魏相은魏之諸公子曰魏齊라魏齊大怒ᄒᆞ야使舍人으로笞擊雎ᄒᆞ야折脅摺齒ᄒᆞ니雎ㅣ佯死어ᄂᆞᆯ即

簀갈ᄃᆡ 발치

卷以簀ᄒᆞ야 置厠中ᄒᆞ고 賓客飮者로 醉更溺雎ᄒᆞ야 故僇辱以懲後ᄒᆞ야 令無妄言ㅣ러라 雎ㅣ從簀中ᄒᆞ야 謂守者曰公能出我ㅣ면 我必厚謝公호리라 守者ㅣ乃請出棄簀中死人ᄒᆞᆫᄃᆡ 魏齊醉曰可矣라ᄒᆞ니 范雎ㅣ得出ᄒᆞ다 後에 魏齊ㅣ悔ᄒᆞ야 復召求之어ᄂᆞᆯ 魏人鄭安平이 聞之ᄒᆞ고 乃遂操范雎ᄒᆞ야 亡伏匿ᄒᆞ고 更名姓曰張祿이라ᄒᆞ다 當此時ᄒᆞ야 秦昭王이 使謁者王稽於魏어ᄂᆞᆯ 鄭安平이 詐爲卒ᄒᆞ야 侍王稽러니 王稽問魏有賢人可與俱西游者乎아 鄭安平曰臣里中에 有張祿先生ᄒᆞ니 欲見君言天下事ㅣ로ᄃᆡ 其人이 有仇ㅣ라 不敢晝見ᄒᆞᄂᆞ니라 王稽曰夜與俱來ᄒᆞ라 鄭安平이 夜與張祿으로 見王稽ᄒᆞᆫᄃᆡ 語未究에 王稽知范雎賢ᄒᆞ고 謂曰先生은 待我於三亭之南ᄒᆞ라ᄒᆞ고 與私約而去ᄒᆞ다 王稽辭魏去ᄒᆞᆯ시 過載范雎ᄒᆞ야 入秦湖關ᄒᆞ야 望見車騎從西來ᄒᆞ고 范

雎ㅣ曰彼來者ㅣ爲誰오 王稽曰秦相穰侯ㅣ東行縣邑ᄒᆞᄂᆞ니라 范雎ㅣ曰吾聞穰侯ㅣ專秦權ᄒᆞ야 惡內諸侯客이라ᄒᆞ니 此恐辱我ㅣ라 我寧且匿車中호리라ᄒᆞ더니 有頃에 穰侯ㅣ果至ᄒᆞ야 勞王稽ᄒᆞ고 因立車而語曰關東에 有何變고 曰無有ㅣ러라 又謂王稽曰謁君이 得無與諸侯客子俱來乎아 無益이오 徒亂人國耳니라 王稽曰不敢이로라 即別去어늘 范雎ㅣ曰吾聞穰侯는 智士ㅣ라ᄒᆞ더니 其見事遲로다 鄕者에 疑車中有人호ᄃᆡ 忘索之로다ᄒᆞ고 於是에 范雎ㅣ下車走曰此必悔之라ᄒᆞ더니 行十餘里ᄒᆞ야는 使騎로 還索車中ᄒᆞ야 無客乃已ᄒᆞ다 王稽遂與范雎入咸陽ᄒᆞ야 已報使ᄒᆞ고 因言曰魏有張祿先生ᄒᆞ니 天下辯士也ㅣ라 曰秦王之國이 危於累卵ᄒᆞ니 得臣則安이어니와 然이나 不可以書傳也ᄅᆞ시니 臣故載來호니이다 秦王이 弗信ᄒᆞ야 使舍食草具ᄒᆞ고 待命歲餘ㅣ라 當

是時ᄒᆞ야 昭王이 已立三十六年이러라 南拔楚之鄢郢ᄒᆞ니 楚懷王이 幽死於秦ᄒᆞ고 秦이 東破齊ᄒᆞ니 湣王이 常稱帝라가 後去之ᄒᆞ고 數困三晉이라 厭天下辯士ᄒᆞ야 無所信이라 穰侯、華陽君은 昭王의 母宣太后之弟也而涇陽君、高陵君은 皆昭王의 同母弟也ㅣ라 穰侯ㅣ 相ᄒᆞ고 三人者ㅣ 更將ᄒᆞ야 有封邑ᄒᆞ니 以太后故로 私家富ㅣ 重於王室이러라 及穰侯ㅣ 爲秦將에 且欲越韓魏而伐齊綱壽ᄒᆞ야 欲以廣其陶封이어ᄂᆞᆯ 范雎ㅣ 乃上書曰臣은 聞明主ㅣ 立政에 有功者ᄅᆞᆯ 不得不賞ᄒᆞ며 有能者ᄅᆞᆯ 不得不官ᄒᆞ며 勞大者ᄂᆞᆫ 其祿厚ᄒᆞ고 功多者ᄂᆞᆫ 其爵尊ᄒᆞ고 能治衆者ᄂᆞᆫ 其官大ᄒᆞ니라 故로 無能者ᄂᆞᆫ 不敢當職焉ᄒᆞ며 有能者ㅣ도 亦不得蔽隱ᄒᆞᄂᆞ니 使以臣之言으로 爲可ᄒᆞᆫᄃᆡ 願行而益利其道ㅣ오 以臣之言으로 爲不可ᄒᆞᆫᄃᆡ 久留臣無爲也ㅣ니이다 語에 曰庸

椹 못탕 침
砨 옥일흠 외

主ᄂᆞᆫ 賞所愛而罰所惡ᄒᆞ고 明主則不然ᄒᆞ야 賞必加於有功
而刑必斷於有罪ᄒᆞ니라 今臣之胷이 不足以當椹質이오 而
要ㅣ 不足以待斧鉞이니 豈敢以疑事로 嘗試於王哉리오 雖
以臣으로 爲賤人而輕辱이나 獨不重任臣者之無反復於
王邪잇가 且臣은 聞周有砥砨ᄒᆞ고 宋有結綠ᄒᆞ고 梁有縣藜ᄒᆞ고 楚
有和朴이라ᄒᆞ니 此四寶者ᄂᆞᆫ 土之所生이오 良工之所失也ㅣ로되
而爲天下名器ᄒᆞ니 然則聖王之所棄者ᄂᆞᆫ 獨不足以厚
國家乎ㅣ리잇가 臣은 聞善厚家者ᄂᆞᆫ 取之於國ᄒᆞ고 善厚國者ᄂᆞᆫ
取之於諸侯ㅣ라ᄒᆞ니 天下에 有明主ㅣ면 則諸侯ㅣ 不得擅厚者
ᄂᆞᆫ 何也오 爲其割榮也ㄹ셰니 良醫ᄂᆞᆫ 知病人之死生ᄒᆞ고 聖主
ᄂᆞᆫ 明於成敗之事ᄒᆞ야 利則行之ᄒᆞ고 害則舍之ᄒᆞ고 疑則少嘗
之ᄒᆞᄂᆞ니 雖舜禹ㅣ 復生ᄒᆞ샤도 弗能改己ㅣ시리이다 語之至者ᄂᆞᆫ 臣不敢載

之於書오 其淺者는 又不足聽也ㅣ니 意者컨ᄃᆡ 臣愚而不概於王心邪아 亡其言者ㅣ 賤而不可用乎ㅣ니잇가 自非然者ㄴᄃᆡᆫ 臣願得少賜游觀之間ᄒᆞ야 望見顏色ᄒᆞ야 一語無効어든 請伏斧質ᄒᆞᄂᆞ이다 於是에 秦昭王이 大說ᄒᆞ야 乃謝王稽ᄒᆞ고 使以傳車로 召范雎ᄒᆞ니 於是에 范雎ㅣ 乃得見於離宮ᄒᆞᆯ서 詳爲不知永巷而入其中ᄒᆞᆫᄃᆡ 王이 來而宦者ㅣ 怒逐之曰王이 至니라 范雎繆爲曰秦安得王이리오 秦에 獨有太后穰侯耳니라ᄒᆞ야 欲以感怒昭王이러니 昭王이 至ᄒᆞ야 聞其與宦者爭言ᄒᆞ고 遂延迎謝曰寡人이 宜以身受命이 久矣로ᄃᆡ 會義渠之事ㅣ 急이라 寡人이 旦暮自請太后ㅣ러니 今義渠之事ㅣ 已라 寡人이 乃得受命ᄒᆞ니 竊閔然不敏이 敬執賓主之禮ᄒᆞ노라 范雎ㅣ 辭讓이러라 是日에 觀范雎之見者羣臣이 莫不洒然變色易容者ㅣ러라

秦王이屛左右ᄒᆞ니宮中이虛無人이러라秦王이跽而請曰先生은何以幸教寡고范睢ㅣ曰唯唯ㅣ라有間에秦王이復跽而請曰先生은何以幸教寡人고范睢ㅣ曰唯唯ㅣ라若是者ㅣ三에秦王이跽曰先生이卒不幸教寡人耶아范睢ㅣ曰非敢然也ㅣ라臣은聞昔者에呂尙之遇文王也에身爲漁父而釣於渭濱耳라若是者는交疏也ㅣᆯ시오已說而立爲太師ᄒᆞ야載與歸者는其言이深也ㅣᆯ시라故로文王이遂收功於呂尙而卒王天下ᄒᆞ시니鄕使文王으로疏呂尙而不與深言이러신들是는周無天子之德而文武ㅣ無與成其王業也ㅣ라今臣은羈旅之臣也ㅣ라交疏於王이오而所願陳者는皆匡君之事ㅣ오處人骨肉之間ᄒᆞ니願効愚忠ᄒᆞ되而未知王之心也ㅣ라此所以王三問而不敢對者也ㅣ오臣非有畏而不

敢言也ㅣ로소이다 臣知今日言之於前ᄒᆞ고 而明日伏誅於然後라도 臣不敢避호리이다 大王이 信行臣之言이시면 死不足以爲臣患이오 亡不足以爲臣憂오 漆身爲厲ᄒᆞ며 被髮爲狂이라도 不足以爲臣恥니 且以五帝之聖焉而死ᄒᆞ시고 三王之仁焉而死ᄒᆞ시고 五伯之賢焉而死ᄒᆞ고 烏獲任鄙之力焉而死ᄒᆞ고 成荊孟賁、王慶忌、夏育之勇焉而死ᄒᆞ니 死者ᄂᆞᆫ 人之所必不免也ㅣ라 處必然之勢ᄒᆞ야 可以少有稱於秦인ᄃᆡᆫ 此ㅣ 臣之所大願也ㅣ니 臣又何患哉리잇고 伍子胥ᄂᆞᆫ 橐載而出昭關ᄒᆞ야 夜行晝伏ᄒᆞ야 至於陵水ᄒᆞ야ᄂᆞᆫ 無以糊其口ㅣ라 膝行蒲伏ᄒᆞ야 稽首肉袒ᄒᆞ고 鼓腹吹篪ᄒᆞ야ᄂᆞᆫ 無食於吳市라가 卒興吳國ᄒᆞ야 闔閭로 爲伯ᄒᆞ니 使臣으로 得盡謀를 如伍子胥ᄒᆞ고 加之以幽囚ᄒᆞ야 終身不復見이라도 是臣之說이 行也ㅣ니 臣又何憂리잇고 箕子ᄂᆞᆫ 接

篪 지저

厲 音나

與漆身爲厲ᄒᆞ며被髮爲狂이로되無益於主ᄒᆞ니假使臣으로得同行
於箕子ㅣ라도可以有補所賢之主ㅣ된是臣之大榮也ㅣ니臣有
何耻오臣之所恐者ᄂᆞᆫ獨恐臣死之後에天下ㅣ見臣之盡
忠而身死ᄒᆞ고因以是杜口裹足ᄒᆞ야莫肯鄕秦耳가ᄒᆞ노이다足下ㅣ
上畏太后之嚴ᄒᆞ시며下惑於姦臣之態ᄒᆞ시고居深宮之中ᄒᆞ야不
離阿保之手ᄒᆞ야終身迷惑ᄒᆞ야無與昭姦ᄒᆞ시니大者ᄂᆞᆫ宗廟ㅣ滅
覆이오小者ᄂᆞᆫ身以孤危ᄒᆞ시리니此臣之所恐耳로이다若夫窮辱之事
와死亡之患은臣不敢畏也ㅣ니臣死而秦治면是臣死ㅣ賢於
生이니이다秦王이跽曰先生은是何言也오夫秦國이辟遠ᄒᆞ고寡人
이愚不肖어ᄂᆞᆯ先生이乃幸辱至於此ᄒᆞ니是天以寡人으로慁先生
而存先王之宗廟也ㅣ오寡人이得受命於先生이是天所以
幸先王而不棄其孤也ㅣ로다先生은奈何而言若是오事無

小大히上及太后ᄒᆞ며下至大臣히願先生은悉以教寡人ᄒᆞ고無
疑寡人也어라范雎ㅣ拜ᄒᆞ니秦王이亦拜러라范雎ㅣ曰大王之國이
四塞以爲固ᄒᆞ야北有甘泉、谷口ᄒᆞ고南帶涇渭ᄒᆞ고右隴蜀、左
關阪이오奮擊이百萬이오戰車ㅣ千乘이니利則出攻이오不利則入
守ㅣ리니此는王者之地也ㅣ오民이怯於私鬪ᄒᆞ고而勇於公戰ᄒᆞ니此ᄂ
王者之民也ㅣ라王이幷此二者而有之ᄒᆞ시니夫以秦卒之勇과
車騎之衆으로以治諸侯ㅣ譬若馳韓盧而搏蹇兎也ㅣ라霸
王之業을可致也어늘而羣臣이莫當其位ᄒᆞ야至今閉關十
五年에不敢窺兵於山東者는是穰侯爲秦謀不忠이오而
大王之計ㅣ有所失也ㅣ시니이다秦王이跽曰寡人이願聞失計ᄒᆞ노라
然、左右ㅣ多竊聽者ㅣ라范雎ㅣ恐ᄒᆞ야未敢言內ᄒᆞ고先言
外事ᄒᆞ야以觀秦王之俯仰ᄒᆞᆯ서因進曰夫穰侯ㅣ越韓魏而

攻齊綱壽ㅣ非計也ㅣ라少出師則不足以傷齊오多出師則害於秦이니臣意王之計欲少出師而悉韓魏之兵也ㅣ라則不義矣니今見與國之不親也호리이다越人之國而攻이可乎아其於計踈矣로다且昔에齊湣王이南攻楚호야破軍殺將再辟地千里호고而齊尺寸之地을無得焉者는豈不欲得地哉ㅣ리오마는形勢不能有也늘서라諸侯ㅣ見齊之罷弊와君臣之不和也호고興兵而伐齊호야大破之호니士辱兵頓이어늘皆咎其王曰誰爲此計者乎오王曰文子ㅣ爲之니라大臣이作亂에文子ㅣ出走호니故로齊所以大破者는以其伐楚而肥韓魏也늘서니此所謂借賊兵齎盜糧者也ㅣ라王은不如遠交而近攻이니得寸이라도則王之寸也ㅣ오得尺이라도亦王之尺也ㅣ니今釋此而遠攻이不亦繆乎아且昔者中山之國

地方五百里를趙獨呑之ᄒᆞ야功成名立而利附焉ᄒᆞᄃᆡ天下ㅣ莫之能害也ᄒᆞ니今夫韓魏는中國之處오而天下之樞也ㅣ라王其欲霸신댄必親中國ᄒᆞ야以爲天下樞ᄒᆞ야以威楚趙ㅣ니楚彊則附趙ᄒᆞ고趙彊則附楚ㅣ라楚趙ㅣ皆附ㅣ면齊必懼矣ㅣ니齊懼ㅣ면必卑辭厚幣ᄒᆞ야以事秦ᄒᆞ리니齊附而韓魏을因可虜也ㅣ리이다昭王曰吾欲親魏久矣로ᄃᆡ而魏多變之國也ㅣ라寡人이不能親ᄒᆞ니請問親魏를奈何오對曰王은卑辭重幣로以事之ᄒᆞ시고不可어든則割地而賂之ᄒᆞ시고不可어든因擧兵而伐之ᄒᆞ소셔王曰寡人이敬聞命矣ᄒᆞ리라乃拜范雎爲客卿ᄒᆞ야謀兵事ㅣ러라卒聽范雎謀ᄒᆞ야使五大夫綰으로伐魏拔懷ᄒᆞ고後二歲에拔邢丘ᄒᆞ다客卿范雎ㅣ復說昭王曰秦韓之地形이相錯如繡ᄒᆞ니秦之有韓也ㅣ譬如木之有蠹也와人之

有心腹之病也ㅣ라 天下ㅣ無變則已어니와 天下ㅣ有變이면 其
爲秦患者ㅣ孰大於韓乎ㅣ리오 王은 不如收韓이니이다 昭王曰吾
ㅣ固欲收韓이로되 韓이 不聽ᄒᆞ니 爲之奈何오 對曰韓이 安得
無聽乎ㅣ리오 王이 下兵而攻滎陽ᄒᆞ시면 則鞏成皐之道不通ᄒᆞ고
北斷太行之道ᄒᆞ시면 則上黨之師不下ㅣ리라 王이 一興兵ᄒᆞ야 而
攻滎陽ᄒᆞ시면 則其國이 斷而爲三ᄒᆞ리니 夫韓見必亡이면 安得不
聽乎ㅣ리오 若韓聽이면 而霸事를 因可慮矣리이다 王曰善다 且欲
發使於韓이러라 范雎ㅣ 日益親ᄒᆞ야 復說用數年矣러니 因請間
說曰臣居山東時에 聞齊之有田文이오 不聞其王也커이다
聞秦之有太后、穰侯、華陽、高陵、涇陽이오 不聞其有王
也커이다 夫擅國之謂王이오 能利害之謂王이오 制殺生之威
之謂王이니 今太后ㅣ 擅行不顧ᄒᆞ고 穰侯ㅣ 出使不報ᄒᆞ고 華

適 同敵

陽、涇陽等이擊斷無諱ᄒᆞ고高陵이進退不請ᄒᆞ니四貴ㅣ備오
而國不危者ㅣ未之有也ㅣ니爲此四貴者ㅣ下ㅣ라乃所謂無
王也ㅣ니然則權安得不傾이며令安得從王出乎ㅣ리오臣은聞
善治國者ᄂᆞᆫ乃內固其威而外重其權ᄒᆞᄂᆞ니穰侯使者ㅣ操
王之重ᄒᆞ야決制於諸侯ᄒᆞ며剖符於天下ᄒᆞ야政適伐國에莫
敢不聽ᄒᆞ고戰勝攻取에則利歸於陶國ᄒᆞ며弊御於諸侯ᄒᆞ고
戰敗則結怨於百姓而禍歸於社稷ᄒᆞ리니詩에曰木實繁
者ᄂᆞᆫ披其枝ᄒᆞ고披其枝者ᄂᆞᆫ傷其心이오大其都者ᄂᆞᆫ危其國
이오尊其臣者ᄂᆞᆫ卑其主ㅣ라ᄒᆞ니崔杼淖齒ㅣ管齊ㅣ라가射王股ᄒᆞ며擢
王筋ᄒᆞ야縣之於廟梁ᄒᆞᆫᄃᆡ宿昔而死ᄒᆞ고李兌ㅣ管趙ㅣ라가四主父
於沙丘ᄒᆞᆫᄃᆡ百日而餓死ᄒᆞ니今臣은聞秦太后穰侯ㅣ用事ᄒᆞ고
高陵、華陽、涇陽이佐之ᄒᆞ야卒無秦王이라ᄒᆞ니此亦淖齒李兌

之類也ㅣ라 且夫三代所以亡國者ᄂᆞᆫ 君專授政ᄒᆞ고 縱酒馳騁弋獵ᄒᆞ야 不聽政事ㅣ라 其所授者ᄂᆞᆫ 妬賢嫉能ᄒᆞ며 御下蔽上ᄒᆞ야 以成其私ᄒᆞ고 不爲主計어ᄂᆞᆯ 而主不覺悟ㅣ라 故失其國ᄒᆞ니 今自有秩以上至諸大吏와 下及王左右히 無非相國之人者ㅣ라 見王獨立於朝ᄒᆞ시니 臣은 竊爲王恐萬世之後에 有秦國者ㅣ 非王子孫也ᄒᆞᆯ가ᄒᆞ노이다 昭王이 聞之大懼曰善타 於是에 廢太后ᄒᆞ고 逐穰侯、高陵、華陽、涇陽、君於關外ᄒᆞ고 秦王이 乃拜范雎爲相ᄒᆞ고 收穰侯之印ᄒᆞ야 使歸陶ᄒᆞ고 因使縣官으로 給車牛以徙ᄒᆞ니 千乘有餘ㅣ오 到關에 關閱其寶器ᄒᆞ니 寶器珍怪ㅣ 多於王室이러라 秦封范雎以應ᄒᆞ야 號爲應侯ㅣ라ᄒᆞ다 當是時ᄒᆞ야 秦昭王四十一年也ㅣ라 范雎ㅣ 既相秦에 秦이 號曰張祿이라ᄒᆞ니 而魏ᄂᆞᆫ 不知ᄒᆞ고 以爲范雎已死久矣라ᄒᆞ더라 魏

綈 두터온비단 제

聞秦이 且東伐韓魏ᄒᆞ고 魏使須賈於秦이어ᄂᆞᆯ 范雎ㅣ聞之ᄒᆞ고
爲微行ᄒᆞ야 敝衣間步之邸ᄒᆞ야 見須賈ᄒᆞᆫ대 須賈ㅣ見之而驚
曰范叔이 固無恙乎아 范雎ㅣ曰然ᄒᆞ다 須賈ㅣ笑曰范叔이
有說於秦邪아 曰不也ㅣ라 雎ㅣ前日에 得過於魏相이라 故로
亡逃至此ᄒᆞ니 安敢說乎ㅣ리오 須賈ㅣ曰今叔이 何事오 范雎ㅣ
曰臣이 爲人庸賃ᄒᆞ노라 須賈ㅣ意哀之ᄒᆞ야 留與坐飮食曰范
叔이 一寒이 如此哉ᄒᆞ신뎌 乃取其一綈袍以賜之ᄒᆞ고 須賈ㅣ因
問曰秦相張君을 公이 知之乎아 吾ㅣ聞幸於王ᄒᆞ야 天下之
事를 皆決於相君이라ᄒᆞ니 今吾事之去留도 在張君ᄒᆞ니 孺子ㅣ
豈有客習於相君者哉아 范雎ㅣ曰主人翁이 習知之ᄒᆞ고
唯雎도 亦得謁ᄒᆞ노니 雎ㅣ請爲君ᄒᆞ야 見於張君ᄒᆞ리라 須賈ㅣ曰
吾ㅣ馬病車軸折ᄒᆞ니 非大車駟馬ㅣ면 吾ㅣ不出ᄒᆞ리라 范雎ㅣ曰

願爲君ᄒᆞ야借大車駟馬於主人翁ᄒᆞ리라范雎ㅣ歸ᄒᆞ야取大車駟馬ᄒᆞ야爲須賈御之ᄒᆞ야入秦相府ᄒᆞ니府中이望見ᄒᆞ고有識者ㅣ皆避匿이라須賈ㅣ怪之러니至相舍門ᄒᆞ야謂須賈曰待我ᄒᆞ라我爲君先入ᄒᆞ야通於相君ᄒᆞ리라須賈ㅣ待門下ᄒᆞ야持車良久에問門下曰范叔이不出은何也오門下ㅣ曰無范叔ᄒᆞ니라須賈ㅣ曰鄕者에與我載而入者ㅣ니라門下ㅣ曰乃吾相張君也ㅣ니라須賈ㅣ大驚ᄒᆞ야自知見賣ᄒᆞ고乃肉袒膝行ᄒᆞ야因門下人謝罪어늘於是에范雎ㅣ盛帷帳ᄒᆞ야待者을甚衆ᄒᆞ고見之ᄒᆞ되須賈ㅣ頓首言死罪曰賈ㅣ不意君能自致於靑雲之上호니賈ㅣ不敢復讀天下之書ᄒᆞ며不敢復與天下之事ᄒᆞ리라賈有湯鑊之罪ᄒᆞ니請自屛於胡貉之地ᄒᆞᄂᆞ니唯君은死生之어다范雎ㅣ曰汝罪ㅣ有幾오曰擢賈之髮ᄒᆞ야以續賈之罪라도

尙未足이리라 范雎ㅣ曰汝罪ㅣ有三耳니라 昔者楚昭王時에
而中包胥ㅣ爲楚郤吳軍이라 楚王이 封之以荊五千戶어늘
包胥ㅣ辭不受는 爲丘墓之寄於荊也ㅣ러시니라 今雎之先人
丘墓ㅣ亦在魏어늘 公이 前以雎로 爲有外心於齊ᄒᆞ야 而惡雎
於魏齊ᄒᆞ니 公之罪ㅣ一也ㅣ오 當魏齊辱我於廁中ᄒᆞ야 公이 不
止ᄒᆞ니 罪ㅣ二也ㅣ오 更醉而溺我ᄒᆞ니 公其何忍乎아 罪ㅣ三矣
니라 然이나 公之所以得無死者는 以綈袍ㅣ戀戀有故人之
意라 故로 釋公ᄒᆞ노라 乃謝罷ᄒᆞ고 入言之昭王ᄒᆞ야 罷歸須賈ᄒᆞᆫ대 須
賈ㅣ辭於范雎어늘 范雎ㅣ大供具ᄒᆞ야 盡請諸侯使ᄒᆞ야 與坐堂
上ᄒᆞ야 食飮을 甚設而坐須賈於堂下ᄒᆞ고 置莝豆其前ᄒᆞ야 令兩
黥徒로 夾而馬食之ᄒᆞ고 數曰爲我ᄒᆞ야 告魏王ᄒᆞᆫ대 急持魏齊頭
來ᄒᆞ라라 不然者ㅣ면 我ㅣ且屠大梁ᄒᆞ리라 須賈ㅣ歸ᄒᆞ야 以告魏齊ᄒᆞᆫ대

魏齊恐ᄒᆞ야亡走趙ᄒᆞ야匿平原君所ㅣ러라范雎ㅣ既相에王稽謂范雎曰事有不可知者ㅣ三이오有不可奈何者ㅣ亦三이니宮車ㅣ一日晏駕ㅣ면是事之不可知者ㅣ一也ㅣ오君이卒然捐館舍ㅣ면是事之不可知者ㅣ二也ㅣ오使臣으로卒然塡溝壑이면是事之不可知者ㅣ三也ㅣ니宮車ㅣ一日晏駕ㅣ면君雖恨於臣이나無可奈何오君이卒然捐館舍ㅣ면君雖恨於臣이나亦無可奈何오使臣으로卒然塡溝壑이면君雖恨於臣이나亦無可奈何ㅣ리라范雎ㅣ不懌ᄒᆞ야乃入言於王曰非王稽之忠이면莫能內臣於函谷關이오非大王之賢聖이시면莫能貴臣이리니今臣은官至於相ᄒᆞ고爵在列侯ㅣ로되王稽之官은尙止於謁者ᄒᆞ니非其內臣之意也ㅣ로소이다昭王이召王稽ᄒᆞ야拜爲河東守ᄒᆞ야三歲不上計ᄒᆞ고又任鄭安平이어늘昭王이以爲將軍ᄒᆞ다於是에散

家財物ᄒᆞ야盡以報所嘗困厄者ᄒᆞᄃᆡ一飯之德을必償ᄒᆞ며睚眦之怨을必報ㅣ러라范睢ㅣ相秦二年은秦昭王之四十二年이니東伐韓少曲高平ᄒᆞ야拔之ᄒᆞ다秦昭王이聞魏齊在平原君所ᄒᆞ고欲爲范睢必報其仇ᄒᆞ야乃詳爲好書ᄒᆞ야遺平原君曰寡人이聞君之高義ᄒᆞ고願與君爲布衣之友ᄒᆞ노니君은幸過寡人이어다寡人이願與君爲十日之飮ᄒᆞ노라平原君이畏秦ᄒᆞ고且以爲然而入秦見昭王ᄒᆞᄃᆡ昭王이與平原君飮數日에昭王이謂平原君曰昔에周文王이得呂尙ᄒᆞ야以爲太公ᄒᆞ시고齊桓公이得管夷吾ᄒᆞ야以爲仲父ᄒᆞ니今范君은亦寡人之叔父也ㅣ라范君之仇ㅣ在君之家ㅣ라ᄒᆞ니願使人歸取其頭來ᄒᆞ라不然이면吾ㅣ不出君於關ᄒᆞ리라平原君曰貴而爲友者는爲賤也ㅣ오富而爲交者는爲貧也ㅣ라夫魏齊者는勝之友

簦 지로 진삭 갓등

也ㅣ니在라도固不出也어니와今又不在臣所ᄒᆞ니라昭王이乃遺趙
王書曰王之弟在秦ᄒᆞ고范君之仇魏齊在平原君之家ᄒᆞ니
王이使人疾持其頭來ᄒᆞ라不然이면吾ㅣ擧兵而伐趙ᄒᆞ고又
不出王之弟於關호리라趙孝成王이乃發卒ᄒᆞ야圍平原君
家을急이어ᄂᆞᆯ魏齊夜亡ᄒᆞ야出見趙相虞卿ᄒᆞᆫᄃᆡ虞卿이度趙王을終
不可說ᄒᆞ고乃解其相印ᄒᆞ고與魏齊亡ᄒᆞ야間行ᄒᆞ다가念諸侯ㅣ莫
可以急抵者ㅣ라乃復走大梁ᄒᆞ야欲因信陵君ᄒᆞ야以走楚ㅣ러니
信陵君이聞之ᄒᆞ고畏秦ᄒᆞ야猶豫未肯見曰虞卿은何如人也오
時에侯嬴이在旁이러니曰人固未易知오知人도亦未易
也ㅣ로ᄃᆡ夫虞卿은躡屩擔簦ᄒᆞ야一見趙王에賜白璧一雙과
黃金百鎰ᄒᆞ고再見에拜爲上卿ᄒᆞ고三見에卒受相印ᄒᆞ야封
萬戶侯ᄒᆞ니當此之時ᄒᆞ야天下ㅣ爭知之러니라夫魏齊窮困ᄒᆞ야

過虞卿이어ᄂᆞᆯ 虞卿이 不敢重爵祿之尊ᄒᆞ고 解相印捐萬戶侯而間行ᄒᆞ야 急士之窮而歸公子어ᄂᆞᆯ 公子ㅣ 曰何如人고ᄒᆞ니 人固不易知오 知人도 亦未易也ㅣ로다 信陵君이 大慙ᄒᆞ야 駕如野迎之러니 魏齊聞信陵君之初難見之ᄒᆞ고 怒而自剄이어ᄂᆞᆯ 趙王이 聞之ᄒᆞ고 卒取其頭予秦ᄒᆞᆫ대 秦昭王이 乃出平原君君歸趙ᄒᆞ다 昭王四十三年에 秦攻韓汾陘拔之ᄒᆞ고 因城河上廣武ᄒᆞ다 後五年에 昭王이 用應侯謀ᄒᆞ야 縱反間賣趙ᄒᆞ니 趙ㅣ 以其故令馬服子로 代廉頗將이어ᄂᆞᆯ 秦이 大破趙於長平ᄒᆞ고 遂圍邯鄲이러니 已而與武安君白起로 有隙이라 言而殺之ᄒᆞ고 任鄭安平ᄒᆞ야 使將擊趙ㅣ러니 鄭安平이 爲趙所圍急ᄒᆞ야 以兵二萬人으로 降趙ᄒᆞ니 應侯ㅣ 席藁請罪러라 秦之法에 任人而所任不善者을 各以其罪로 罪之라 於是

에應侯ㅣ罪當收三族이러니 秦昭王이 恐傷應侯之意ᄒᆞ야乃
下令國中ᄒᆞᄃᆡ 有敢言鄭安平事者ㅣ면 以其罪로 罪之ᄒᆞ리라
而加賜相國應侯食物을 日益厚ᄒᆞ야 以順適其意러라 後
二歲에 王稽爲河東守ᄒᆞ야 與諸侯通이라가 坐法誅ᄒᆞ니 而應
侯ㅣ日益以不懌이러라 昭王이 臨朝歎息이어ᄂᆞᆯ 應侯ㅣ進曰臣
운聞主憂臣辱이오 主辱臣死ㅣ라ᄒᆞ니 今大王이 中朝而憂ᄒᆞ시니
臣이 敢請其罪ᄒᆞ노이다 昭王曰吾ㅣ 聞楚之鐵劒이 利而倡
優ㅣ拙이라ᄒᆞ니 夫鐵劒이 利則士ㅣ勇이오 倡優ㅣ拙則思慮ㅣ遠ᄒᆞᄂᆞ니
夫以遠思慮로 而御勇士ㅣ라 吾ㅣ 恐楚之圖秦也ㄹ가ᄒᆞ노라 夫
物不素具ㅣ면 不可以應卒이니 今武安君이 旣死而鄭安
平等이 畔ᄒᆞ야 內無良將而外多敵國ᄒᆞ니 吾ㅣ是以憂ᄒᆞ노라 欲
以激勵應侯ᄒᆞ니 應侯ㅣ懼ᄒᆞ야 不知所出이러니 蔡澤이 聞之ᄒᆞ고

往入秦也ᄒᆞ니라

太史公曰韓子ㅣ稱ᄒᆞ되長袖ㅣ면善舞오多錢이며善賈ㅣ라ᄒᆞ니信哉라是言也여范睢蔡澤은世所謂一切辯士ㅣ로되然游說諸侯ᄒᆞ야至白首無所遇者ᄂᆞᆫ非計策之拙이라所爲說力이少也ㅣㄹ시니라及二人이羈旅入秦ᄒᆞ야繼踵取卿相ᄒᆞ야垂功於天下者ᄂᆞᆫ固彊弱之勢ㅣ異也ㅣ니라然士亦有偶合ᄒᆞ니賢者ㅣ多如此二子ㅣ로되不得盡意ᄅᆞᆯ豈可勝道哉ㅣ리오然二子ㅣ不困厄이런들惡能激乎ㅣ리오 同傳而不並選者論贊則不删

貨殖傳

老子曰至治之極에鄰國이相望ᄒᆞ며鷄狗之聲이相聞ᄒᆞ야民各甘其食美其服安其俗樂其業ᄒᆞ야至老死不相往來라ᄒᆞ니必用此爲務ᄒᆞ야輓近世ᄒᆞ야塗民耳目이면則幾無行矣리라

纑 뵈올 로　枏 나무일홈 남　瑇 ᄃᆡ모 ᄃᆡ

太史公曰夫神農以前은 吾不知已로ᄃᆡ 至若詩書所述虞夏以來에 耳目欲極聲色之好ᄒᆞ며 口欲窮芻豢之味ᄒᆞ며 身安逸樂ᄒᆞ고 而心誇矜勢能之榮ᄒᆞ야 使俗之漸民이 久矣라 雖戶說以眇論이나 終不能化ㅣ라 故로 善者는 因之ᄒᆞ며 其次는 利道之ᄒᆞ며 其次는 教誨之ᄒᆞ며 其次는 整齊之ᄒᆞ야 最下者는 與之爭이라 夫山西는 饒材竹穀纑旄玉石ᄒᆞ고 山東은 多魚鹽漆絲聲色ᄒᆞ고 江南은 出枏梓薑桂金錫連丹沙犀瑇瑁珠璣齒革ᄒᆞ고 龍門、碣石北은 多馬牛羊旃裘筋角이오 銅鐵은 則千里往往에 山出棊置ᄒᆞ니 此其大較也ㅣ니 皆中國人民所喜好ㅣ며 謠俗被服飲食奉生送死之具也ㅣ라 故로 待農而食之ᄒᆞ며 虞而出之ᄒᆞ며 工而成之ᄒᆞ며 商而通之ᄒᆞ니 此寧有政教發徵期會哉아 人各任其能竭其力ᄒᆞ야 以得所

繈 돈꾀미 강

欲이라故로物이賤之徵은貴오貴之徵은賤이라各勸其業樂其
事ᄒᆞ야若水之趨下ᄒᆞ야日夜無休時ᄒᆞ야不召而自來ᄒᆞ며不求
而民出之ᄒᆞ니豈非道之所符而自然之驗耶아周書에曰
農不出則乏其食이오工不出則乏其事ㅣ오商不出則三
寶絕이오虞不出則財匱少ㅣ리니財匱少而山澤이不辟矣라ᄒᆞ니
此四民者ᄂᆞᆫ民所衣食之原也ㅣ라原大則饒ㅣ오原小則
鮮이니上則富國이오下則富家ᄒᆞ야貧富之道을莫之奪予로되而
巧者有餘ᄒᆞ며拙者不足이라故로太公望이封於營丘ᄒᆞ니地潟
鹵ᄒᆞ고人民寡어ᄂᆞᆯ於是太公이勸其女功을極技巧ᄒᆞ야通魚鹽ᄒᆞ니
則人物歸之ᄒᆞ야繈至而輻湊ㅣ라故로齊冠帶衣履天下ᄒᆞ니
海岱之間에斂袂而往朝焉이러라其後에齊中衰어ᄂᆞᆯ管子ㅣ
修之ᄒᆞ야設輕重九府ᄒᆞ니則桓公以霸ᄒᆞ야九合諸侯ᄒᆞ며一匡

天下ᄒᆞ고 而管氏亦有三歸ᄒᆞ야 位在陪臣이로ᄃᆡ 富於列國之
君이라 是以齊富彊이 至於威宣也ㅣ라 故로 曰倉廩實而知
禮節ᄒᆞ고 衣食足而知榮辱이라ᄒᆞ니 禮生於有而廢於無ㅣ라 故
로 君子富에 好行其德이오 小人富에 以適其力이니 淵深而魚
生之오 山深而獸往之오 人富而仁義附焉이니 富者ㄴ 得
勢益彰이오 失勢則客無所之ᄒᆞ야 以而不樂이오 夷狄益甚ᄒᆞ니
諺에 曰千金之子ㅣ 不死於市라ᄒᆞ니 此非空言也ㅣ라 故로 曰
天下ㅣ 熙熙ᄒᆞ야 皆爲利來오 天下ㅣ 壤壤ᄒᆞ야 皆爲利往이라ᄒᆞ니 夫
千乘之王과 萬家之侯와 百室之君도 尙有患貧이어든 况匹
夫編戶之民乎아
昔者에 越王句踐이 困於會稽之上ᄒᆞ야 乃用范蠡計然ᄒᆞ니
計然曰知鬪則修備오 時用則知物이니 二者ㅣ 形則萬貨

之情을可得而觀已니라故로歲在金이면穰이오水면毁오木이면饑
오火면旱이니旱則資舟ㅣ오水則資車는物之理也ㅣ니六歲穰
이오六歲旱이오十二歲면一大饑니夫糶二十이면病農이오九十
이면病末일서니末病則財不出이오農病則草不辟矣리니上不過
八十이오下不減三十이면則農末俱利ᄒᆞ야平糶齊物ᄒᆞ야關市
不乏이治國之道也ㅣ라積著之理는務完物ᄒᆞ며無息幣ᄒᆞ야以
物相貿易ᄒᆞ야腐敗而食之ᄒᆞ며貨勿留ᄒᆞ며無敢居貴ᄒᆞ야論其
有餘不足ᄒᆞ야則知貴賤일지니貴上極則反賤이오賤下極則
反貴리니貴커든出如糞土ᄒᆞ고賤커든取如珠玉ᄒᆞ야財幣를欲其行
如流水라ᄒᆞ야늘修之十年에國富어늘厚賂戰士ᄒᆞᆫᄃᆡ士赴矢石을
如渴得飮ᄒᆞ야遂報彊吳ᄒᆞ고觀兵中國ᄒᆞ야稱號五覇ᄒᆞ다范蠡
旣雪會稽之耻ᄒᆞ고乃喟然而歎曰計然之策七에越用

其五而得意ᄒᆞ니既已施於國이라吾欲用之家ᄒᆞ노라乃乘扁舟浮於江湖ᄒᆞ야變名易姓ᄒᆞ야適齊爲鴟夷子皮ᄒᆞ고之陶爲朱公ᄒᆞ니朱公以爲陶ᄂᆞᆫ天下之中諸侯四通貨物所交易也ㅣ라乃治產積居ᄒᆞ야與時逐而不責於人이라故로善治生者ᄂᆞᆫ能擇人而任時ᄒᆞᄂᆞ니十九年之中에三致千金ᄒᆞ야再分散與貧交疏昆弟ᄒᆞ니此所謂富好行其德者也ㅣ라後年衰老而聽子孫ᄒᆞᆫ듸子孫이修業而息之ᄒᆞ야遂至巨萬이라故로言富者ㅣ皆稱陶朱公이러라

子贛이既學於仲尼ᄒᆞ고退而仕於衛ᄒᆞ야廢著鬻財於曹魯之間ᄒᆞ니七十子之徒에賜最爲饒益이러니原憲不厭糟糠ᄒᆞ야匿於窮巷ᄒᆞ고子贛이結駟連騎ᄒᆞ야束帛之幣로以聘享諸侯ᄒᆞ야所至國君이無不分庭與之抗禮ᄒᆞ니夫使孔子로名

布揚於天下者ᄂᆞᆫ 子贛이 先後之也ㅣ시니 此所謂得勢而益彰者乎ㅣᆫ뎌

白圭ᄂᆞᆫ 周人也ㅣ라 當魏文侯時ᄒᆞ야 李克이 務盡地力이어ᄂᆞᆯ 而白圭ㅣ 樂觀時變이라 故로 人棄我取ᄒᆞ며 人取我與ᄒᆞ니 夫歲孰이어든 取穀ᄒᆞ야 予之絲漆ᄒᆞ며 繭出이어든 取帛絮ᄒᆞ야 與之食ᄒᆞ고 太陰在卯면 穰ᄒᆞ고 明歲衰惡ᄒᆞ며 至午면 旱ᄒᆞ고 明歲美ᄒᆞ며 至酉면 穰ᄒᆞ고 明歲衰惡ᄒᆞ며 至子면 大旱ᄒᆞ고 明歲美有水ᄒᆞ나니 至卯어든 積著ᄒᆞ되 率歲倍ᄒᆞ야 欲長錢인댄 取下穀ᄒᆞ고 長石斗ㅣᆫ댄 取上種ᄒᆞ야 能薄飮食ᄒᆞ며 忍嗜欲ᄒᆞ며 節衣服ᄒᆞ야 與用事僮僕으로 同苦樂ᄒᆞ야 趨時을 若猛獸摯鳥之發이라 故로 曰吾治生産이 猶伊尹呂尙之謀와 孫吳用兵과 商鞅行法이 是也ㅣ라 是故로 其智不足與權變ᄒᆞ며 勇不足以決斷ᄒᆞ며 仁不能以取予ㅣ며 彊不能有

所守ㅣ면 雖欲學吾術이라도 終不告之矣라ᄒᆞ니 蓋天下言治生이 祖白圭ᄒᆞ니 白圭는 其有所試矣라 能試有所長이니 非苟而已也ㅣ니라

猗頓은 用盬鹽起ᄒᆞ고 而邯鄲郭縱은 以鐵冶成業ᄒᆞ야 與王者埒富ㅣ러라

烏氏倮畜牧及衆에 斥賣求奇繒物ᄒᆞ야 間獻遺戎王ᄒᆞᆫ대 戎王이 十倍其償ᄒᆞ야 與之畜ᄒᆞ니 畜至用谷量馬牛ㅣ러라 秦始皇帝令倮比封君ᄒᆞ야 以時與列臣朝請케ᄒᆞ고 而巴蜀寡婦清其先이 得丹穴而擅其利를 數世ᄒᆞ야 家亦不訾ᄒᆞ니 清은 寡婦也ㅣ라 能守其業ᄒᆞ야 用財自衛ᄒᆞ야 不見侵犯이라 秦皇帝以爲貞婦而客之ᄒᆞ야 爲築女懷清臺ᄒᆞ니 夫倮는 鄙人牧長이오 清은 窮鄕寡婦ㅣ로ᄃᆡ 禮抗萬乘ᄒᆞ며 名顯天下ㅣ 豈非以富耶

僰 서남오랑키 북

아 漢興에 海內爲一ᄒᆞ야 開關梁ᄒᆞ며 弛山澤之禁이라 是以로 富商大賈ㅣ周流天下ᄒᆞ야 交易之物이 莫不通得其所欲ᄒᆞ고 而徙豪傑과 諸侯彊族於京師ᄒᆞ니 關中自汧雍以東으로 至河華히 膏壤沃野千里니 自虞夏之貢으로 以爲上田이오 而公劉適邠ᄒᆞ고 大王王季在岐ᄒᆞ고 文王作豐ᄒᆞ시고 武王治鎬ㅣ라 故로 其民이 猶有先王之遺風ᄒᆞ야 好稼穡ᄒᆞ야 殖五穀ᄒᆞ며 地重ᄒᆞ야 重爲邪ㅣ러니 及秦文孝繆이 居雍ᄒᆞ야는 隙隴蜀之貨物而多賈ᄒᆞ고 獻孝公이 徙櫟邑ᄒᆞ니 櫟邑이 北卻戎翟ᄒᆞ고 東通三晉ᄒᆞ야 亦多大賈ᄒᆞ고 武昭ㅣ治咸陽ᄒᆞ고 因以漢都長安諸陵이라 四方이 輻湊ᄒᆞ야 並至而會ᄒᆞ니 地小人衆이라 故로 其民이 益玩巧而事末也ㅣ러라 南則巴蜀이니 巴蜀은 亦沃野ㅣ라 地饒卮薑丹砂石銅鐵竹木之器오 南御滇僰ᄒᆞ니 僰僮이오 西近邛笮ᄒᆞ니

笮 전독척

懻忮 한악ᄒᆞ고 한악ᄒᆞᆫ기

笮는馬旄牛ㅣ라然四塞이로ᄃᆡ棧道千里無所不通ᄒᆞ고唯褒斜綰轂其口ㅣ라以所多易所鮮ᄒᆞᄂᆞ니라天水隴西北地上郡이與關中同俗ᄒᆞ니然이나西有羌中之利ᄒᆞ며北有戎翟之畜ᄒᆞ야畜牧爲天下饒ㅣ나然이나地亦窮險ᄒᆞ고唯京師ㅣ要其道ㅣ라故로關中之地於天下에三分之一이오而人衆이不過什三이로ᄃᆡ然이나量其富컨ᄃᆡ什居其六ᄒᆞ니라昔에唐人은都河東ᄒᆞ고殷人은都河內ᄒᆞ고周人은都河南ᄒᆞ니夫三河ㅣ在天下之中이若鼎足이니王者ㅣ所更居也ㅣ라建國各數百千歲ㅣ니土地小狹ᄒᆞ고民人이衆ᄒᆞ니都國은諸侯所聚會ㅣ라故로其俗이纖儉習事ᄒᆞ니라楊平陽陳은西賈秦翟ᄒᆞ고北賈種代ᄒᆞ니種代는石北也ㅣ라地邊胡ᄒᆞ야數被寇ᄒᆞ고人民이矜懻忮ᄒᆞ며好氣任俠爲姦ᄒᆞ야不事農商ᄒᆞ니然이나迫近北夷ᄒᆞ야師旅亟往이라中國이委輸

羯 불친소갈
羠 이들양

에 時有奇羨ᄒᆞ고 其民이 羯羠不均ᄒᆞ니 自全晉之時로 固已患其慓悍이러니 而武靈王이 益厲之라 其謠俗이 猶有趙之風也ㅣ니 故로 楊平陽陳이 椽其間ᄒᆞ야 得所欲ᄒᆞ고 溫軹는 西賈上黨ᄒᆞ고 北賈趙中山ᄒᆞ니 中山은 地薄人衆ᄒᆞ야 猶有沙丘紂淫地餘民ᄒᆞ고 民俗이 懁急ᄒᆞ야 仰機利而食ᄒᆞ고 丈夫ㅣ 相聚遊戲ᄒᆞ야 悲歌忼慨ᄒᆞ며 起則相隨椎剽ᄒᆞ며 休則掘冢ᄒᆞ야 作巧姦冶ᄒᆞ야 多美物ᄒᆞ고 爲倡優女子則鼓鳴瑟跕屣ᄒᆞ야 游媚貴富ᄒᆞ야 入後宮徧諸侯ᄒᆞ니라 然이나 邯鄲은 亦漳河之間一都會也라 北通燕涿ᄒᆞ고 南有鄭衛ᄒᆞ니 鄭衛는 俗與趙相類ᄒᆞ니라 然이나 近梁魯라 微重而矜節ᄒᆞ고 濮上之邑이 徙野王ᄒᆞ니 野王好氣任俠은 衛之風也ㅣ라 夫燕亦勃碣之間一都會也ㅣ니 南通齊趙ᄒᆞ고 東北邊胡ᄒᆞ고 上谷至遼東이 地踔遠ᄒᆞ야 人民希ᄒᆞ고 數

被寇ᄒᆞ야大與趙代로俗相類ᄒᆞ야而民이雕捍少慮ᄒᆞ고有魚鹽棗栗之饒ᄒᆞ고北鄰烏桓夫餘ㅣ오東綰穢貉、朝鮮、眞番之利ᄒᆞ니라

洛陽東賈齊魯ᄒᆞ고南賈梁楚ㅣ라故로泰山之陽則魯오其陰則齊니齊帶山海ᄒᆞ야膏壤千里ㅣ라宜桑麻ᄒᆞ고人民이多文綵布帛魚鹽ᄒᆞ니臨菑도亦海岱之間一都會也ㅣ라其俗이寬緩闊達ᄒᆞ고而足智好議論ᄒᆞ며地重難動搖ㅣ오怯於衆鬪ᄒᆞ고勇於持刺ㅣ라故로多劫人者ᄒᆞ니大國之風也ㅣ라其中에具五民ᄒᆞ고而鄒魯ㅣ濱洙泗ᄒᆞ야猶有周公遺風ᄒᆞ고俗好儒ᄒᆞ야備於禮라故로其民齪齪ᄒᆞ야頗有桑麻之業ᄒᆞ고無林澤之饒ㅣ오地小人衆ᄒᆞ야儉嗇畏罪遠邪ㅣ러니及衰에好賈趨利을甚於周人이러라夫自鴻溝以東으로芒碭以北은屬巨野히此

梁、宋也ㅣ니 陶睢陽도 亦一都會也ㅣ라 昔에 堯ㅣ 作游成陽ᄒᆞ시고 舜이 漁於雷澤ᄒᆞ시고 湯이 止于亳이라 其俗이 猶有先王遺風ᄒᆞ야 重厚多君子ᄒᆞ고 好稼穡ᄒᆞ니 雖無山川之饒ㅣ나 能惡衣食ᄒᆞ야 致其蓄藏ᄒᆞ고 越、楚는 則有三俗ᄒᆞ니 夫自淮北으로 沛、陳、汝南、南郡은 此西楚也ㅣ니 其俗이 剽輕ᄒᆞ니 易發怒ㅣ오 地薄ᄒᆞ니 寡於積聚ᄒᆞ니라 江陵은 故郢都ㅣ니 西通巫巴ᄒᆞ고 東有雲夢之饒ᄒᆞ니라 陳在楚夏之交ᄒᆞ야 通魚鹽之貨ㅣ라 其民이 多賈ᄒᆞ고 徐僮은 取慮則淸刻ᄒᆞ야 矜己諾ᄒᆞ고 彭城以東으로 東海、吳、廣陵은 此東楚也ㅣ니 其俗이 類徐僮ᄒᆞ고 朐繒以北이 俗則齊ㅣ오 浙江南은 則越이니 夫吳自闔廬、春申、王濞三人으로 招致天下之喜游子弟ᄒᆞ고 東有海鹽之饒와 章山之銅과 三江、五湖之利ᄒᆞ니 亦江東一都會也ㅣ라 衡山、九江、江南、豫章、長沙

是南楚也ㅣ니 其俗이 大類西楚ᄒᆞ니라 郢之後徙壽春도 亦一都會也ㅣ라 而合肥ㅣ 受南北潮ᄒᆞ니 皮革鮑木輸會也ㅣ라 與閩中、于越로 雜俗이라 故로 南楚好辭巧說ᄒᆞ고 少信이오 江南이 卑濕ᄒᆞ야 丈夫ㅣ 早夭ᄒᆞ고 多竹木ᄒᆞ니라 豫章은 出黃金ᄒᆞ고 長沙는 出連錫이로ᄃᆡ 然이나 菫菫ᄒᆞ야 物之所有ㅣ 取之不足以更費니라 九疑、蒼梧以南으로 至儋耳者ㅣ 與江南으로 大同俗ᄒᆞᄃᆡ 而揚越이 多焉ᄒᆞ니 番禺도 亦其一都會也ㅣ니 珠璣犀瑇瑁果布之湊ㅣ니라

潁川、南陽은 夏人之居也ㅣ니 夏人이 政尚忠朴이라 猶有先王之遺風ᄒᆞ니 潁川이 敦愿ᄒᆞ고 秦末世에 遷不軌之民於南陽ᄒᆞ니 南陽이 西通武關鄖關ᄒᆞ고 東南은 受漢江淮ᄒᆞ니 宛亦一都會也ㅣ라 俗雜ᄒᆞ야 好事業ᄒᆞ며 多賈ᄒᆞ고 其任俠이 交通潁川이라

隋羸呰窳

同蓏 소라 라 구ᄎᆞᄒᆞᆯ ᄌᆞ 게으를 유

故로至今謂之夏人이라ᄒᆞᄂᆞ니라夫天下物이所鮮所多와人民謠俗이山東은食海鹽ᄒᆞ고山西는食鹽鹵ᄒᆞ고嶺南、沙北은固往往出鹽ᄒᆞ니大體如此矣라總之컨댄楚越之地는地廣人希ᄒᆞ며飯稻羹魚ᄒᆞ며或火耕而水耨ᄒᆞ고果隋蠃蛤이不待賈而足ᄒᆞ고地勢饒食ᄒᆞ야無饑饉之患이라以故로呰窳ᄒᆞ고偷生ᄒᆞ야無積聚而多貧이라是故로江淮以南이無凍餓之人이오亦無千金之家ᄒᆞ니라沂泗水以北이宜五穀桑麻六畜이오地小人衆ᄒᆞ고數被水旱之害ᄒᆞ니民好畜藏이라故로秦、夏、梁、魯는好農而重民ᄒᆞ고三河宛、陳도亦然ᄒᆞ고加以商賈ᄒᆞ고齊趙는設智巧仰機利ᄒᆞ며燕代는田畜而事蠶ᄒᆞᄂᆞ니由此觀之컨댄賢人이深謀於廊廟ᄒᆞ야論議朝廷ᄒᆞ며守信死節ᄒᆞ며隱居巖穴之士ㅣ設爲名高者ㅣ安歸乎오歸於富厚也ㅣ라是以로廉

鶩 달닐무
揳 쓸설
糈 고ᄉᆞ쌀서

吏久에久更富오ㅣ廉賈歸富니ㅣ富者는人之情性所不學而俱欲者也라ㅣ故로壯士ㅣ在軍에攻城先登ᄒᆞ며陷陳却敵ᄒᆞ며斬將搴旗ᄒᆞ며前蒙矢石ᄒᆞ야不避湯火之難者는爲重賞使也오ㅣ其在閭巷少年이攻剽椎埋ᄒᆞ며劫人作姦ᄒᆞ며掘冢鑄幣ᄒᆞ며任俠幷兼ᄒᆞ며借交報仇ᄒᆞ며篡逐幽隱ᄒᆞ야不避法禁ᄒᆞ며走死地如鶩는其實이皆爲財用耳오今夫趙女鄭姬ㅣ設形容、揳鳴琴、揄長袂、躡利屣ᄒᆞ야目挑心招ᄒᆞ야出不遠千里ᄒᆞ야不擇老少者는奔富厚也오ㅣ游閑公子ㅣ飾冠劒連車騎는亦爲富貴容也오ㅣ弋射漁獵을犯晨夜、冒霜雪、馳阬谷ᄒᆞ야不避猛獸之害는爲得味也오ㅣ博戲馳逐ᄒᆞ며鬪雞走狗ᄒᆞ야作色相矜ᄒᆞ야必爭勝者는重失負也오ㅣ醫方諸食技術之人이焦神極能은爲重糈也오ㅣ吏士ㅣ舞文

弄法ᄒᆞ며 刻章僞書ᄒᆞ야 不避刀鋸之誅者ᄂᆞᆫ 沒於賂遺也ㅣ오
農、工、商、賈畜長이 固求富益貨也ㅣ니 此有知면 盡能索
耳라 終不餘力而讓財矣니 諺에 曰百里不販樵ㅣ오 千
里不販糴이니 居之一歲에 種之以穀ᄒᆞ고 十歲에 樹之以木ᄒᆞ고
百歲에 來之以德이라ᄒᆞ니 德者ᄂᆞᆫ 人物之謂也ㅣ라 今有無秩祿
之奉과 爵邑之入而樂與之比者를 命曰素封이니 封者ᄂᆞᆫ
食租稅를 歲率戶二百이라 千戶之君은 則二十萬이니 朝覲
聘享이 出其中이오 庶民農、工、商、賈ㅣ 率亦歲萬息二千이니
戶百萬之家ᄂᆞᆫ 則二十萬이니 而更徭租賦ㅣ 出其中ᄒᆞ야 衣
食之欲을 恣所好美矣라 故로 曰陸地에 牧馬二百蹄오 牛
蹄角千이오 千足羊이오 澤中에 千足彘오 水居에 千石魚陂오
山居에 千章之材오 安邑은 千樹棗오 燕秦은 千樹栗이오 蜀

漢、江陵은千樹橘이오淮北、常山已南에河濟之間은千樹萩이오陳夏는千畝漆이오齊魯는千畝桑麻와渭川은千畝竹이오及名國萬家之城에帶郭千畝畝鍾之田과若千畝巵茜과千畦薑韭는此其人이皆與千戶侯等ᄒᆞ니然이나是富給之資也라不窺市井ᄒᆞ며不行異邑ᄒᆞ야坐而待收ᄒᆞ야身有處士之義而取給焉ᄒᆞ니、若至家貧親老ᄒᆞ며妻子軟弱ᄒᆞ야歲時에無以祭祀進醵飮食ᄒᆞ며被服이不足以自通이오如此不慙恥면則無所比矣라是以로無財어든作力이오少有어든鬪智오既饒어든爭時니此其大經也ㅣ라今治生을不待危身取給이면則賢人도勉焉ᄒᆞ리니是故로本富爲上이오末富ㅣ次之오姦富ㅣ最下니無巖處奇士之行而長貧賤好語仁義亦足羞也ㅣ니라

瓨 同缸　甔 독담　髤 音休　躈 말궁등이 새교　鮐 복싱 선틔　鮆 우체어　貂 돈쵸피

凡編戶之民이富相什則卑下之ᄒᆞ고伯則畏憚之ᄒᆞ고千則役ᄒᆞ고萬則僕이物之理也ㅣ라夫用貧求富ㅣ農不如工이오工不如商이오刺繡文이不如倚市門이라ᄒᆞ니此言末業은貧者之資也ㅣ라通邑大都에酤一歲千釀이오醯醬千瓨이오醬千甔이오屠牛羊彘千皮오販穀糶千鍾이오薪藁千車오船長千丈이오木千章이오竹竿萬个오其軺車ㅣ百乘이오牛車千兩이오木器髤者ㅣ千枚오銅器千鈞이오素木鐵器와若巵茜千石이오馬蹏躈千이오牛千足이오羊彘千雙이오僮手指千이오筋角丹沙ㅣ千斤이오其帛絮細布ㅣ千鈞이오文采千匹이오榻布皮革이千石이오漆千斗오蘖麴鹽豉千荅이오鮐鮆ㅣ千斤이오鯫ㅣ千石이오鮑ㅣ千鈞이오棗栗千石者ㅣ三之오狐貂裘千皮오羔羊裘千石이오旃席千具ㅣ오佗果菜千鍾이오子貸金錢千貫이니이節

駔 거간군쟝
會 音괘
卒 音율

駔會컨딕貪賈는三之오廉賈는五之ᄒᆞᄂᆞ니此亦比千乘之家ㅣ니其
大卒也ㅣ라佗雜業不中什二는則非吾財也ㅣ라請略道當
世千里之中에賢人所以富者ᄒᆞ야令後世得以觀擇焉ᄒᆞ노라
蜀卓氏之先은趙人也ㅣ라用鐵冶富러니秦破趙에遷卓氏어늘
卓氏見虜略ᄒᆞ야獨夫妻ㅣ推輦ᄒᆞ야行詣遷處ᄒᆞᆯ서諸遷虜ㅣ
少有餘財ᄒᆞ야는爭與吏求近處ᄒᆞ야處葭萌이어늘唯卓氏曰此
地狹薄ᄒᆞ니吾聞汶山之下沃野에下有蹲鴟ᄒᆞ야至死不饑오
民工於市ᄒᆞ야易賈ㅣ라ᄒᆞ고乃求遠遷ᄒᆞᆫ딕致之臨邛ㅣ어늘大喜ᄒᆞ야
即鐵山鼓鑄ᄒᆞ야運籌策ᄒᆞ야傾滇蜀之民ᄒᆞ고富至僮千人이오田
池射獵之樂이擬於人君이러라
程鄭은山東遷虜也ㅣ니亦冶鑄ᄒᆞ야賈椎髻之民ᄒᆞ야富埒卓
氏ᄒᆞ니俱居臨邛이러라

宛孔氏之先은梁人也ㅣ라用鐵冶爲業이러니秦伐魏에遷孔氏南陽이어늘大鼓鑄ᄒᆞ야規陂池ᄒᆞ고連車騎ᄒᆞ야遊諸侯ᄒᆞ고因通商賈之利ᄒᆞ야有游閑公子之賜與名이러라然이나其贏得過當일서愈於纖嗇ᄒᆞ야家致富數千金이라故로南陽行賈ㅣ盡法孔氏之雍容이러라魯人은俗儉嗇ᄒᆞ고而曹邴氏尤甚ᄒᆞ야以鐵冶起ᄒᆞ야富至巨萬ᄒᆞ니然이나家自父兄子孫이約ᄒᆞ되俛有拾ᄒᆞ며仰有取ᄒᆞ야貰貸行賈ㅣ徧郡國이라鄒魯ㅣ以其故로多去文學而趨利者는以曹邴氏也ㅣㄹ서니라

齊俗이賤奴虜어늘而刁閒이獨愛貴之ᄒᆞ고桀黠奴는人之所患也어늘唯刁閒이收取ᄒᆞ야使之逐魚鹽商賈之利ᄒᆞ야或連車騎交守相ᄒᆞ니然이나愈益任之ᄒᆞ야終得其力ᄒᆞ야起富數千萬이라故로曰寧爵가毋刁아ᄒᆞ니言其能使豪奴로自饒而盡其力

이라周人이既纖에而師史ㅣ尤甚ᄒᆞ야轉轂以百數라賈郡國ᄒᆞ야
無所不至ᄒᆞ고洛陽街居ㅣ在齊、秦、楚、趙之中이라貧人이
學事富家ᄒᆞ야相矜以久賈ᄒᆞ야數過邑不入門ᄒᆞ니設任此等
이라故로師史ㅣ能致七千萬이러라
宣曲任氏之先이爲督道倉吏러니秦之敗也에豪傑이皆
爭取金玉ᄒᆞ되而任氏ㅣ獨窖倉粟이러니楚、漢이相距滎陽也
에民不得耕種ᄒᆞ야米石至萬ᄒᆞ니而豪傑金玉이盡歸任氏
라任氏以此起富러라富人이爭奢侈로되而任氏는折節爲儉
ᄒᆞ야力田畜ᄒᆞ고田畜은人爭取賤賈ㅣ어늘任氏는獨取貴善ᄒᆞ니富
者數世러라然이나任公家ㅣ約ᄒᆞ되非田畜所出이면弗衣食ᄒᆞ고公
事不畢이면則身不得飮酒食肉ᄒᆞ야以此爲閭里率이라故로
富而主上重之러라塞之斥也에唯橋姚ㅣ已致馬千匹이오

牛倍之오羊萬頭오粟以萬鍾計러라吳楚七國이兵起時에長安中列侯封君이行從軍旅ᄒᆞᆯ서齎貸子錢이어ᄂᆞᆯ子錢家ㅣ以爲侯邑國在關東이오關東成敗未決이라ᄒᆞ야莫肯與로ᄃᆡ唯無鹽氏ㅣ出捐千金貸ᄒᆞ고其息什之러니三月에吳楚平ᄒᆞ니一歲之中에則無鹽氏之息이什倍라用此ᄒᆞ야富埒關中이러라關中富商大賈ㅣ大抵盡諸田이니田嗇、田蘭、韋家、栗氏、安陵杜、杜氏ㅣ亦巨萬이니此其章章尤異者也ㅣ라皆非有爵邑奉祿과弄法犯姦而富ㅣ오盡椎埋去就ᄒᆞ야與時俯仰ᄒᆞ야獲其贏利ᄒᆞ야以末致財ᄒᆞ야用本守之ᄒᆞ며以武一切ᄒᆞ야用文持之ᄒᆞ야變化有槪라故로足術也ㅣ니라若至力農畜工虞商賈ᄒᆞ야爲權利以成富ᄒᆞ야大者ㅣ傾郡이오中者ㅣ傾縣이오下者傾鄕里者ㅣ不可勝數ㅣ니夫纖嗇筋力은治生之正道

洒 音세

也로ᄃᆡ 而富者ᄂᆞᆫ 必用奇勝ᄒᆞᄂᆞ니 田農은 拙業이로ᄃᆡ 而秦陽以蓋一州ᄒᆞ고 掘冢은 姦事也ㅣ로ᄃᆡ 而曲叔以起ᄒᆞ고 博戲ᄂᆞᆫ 惡業也ㅣ로ᄃᆡ 而桓發이 用之富ᄒᆞ고 行賈ᄂᆞᆫ 丈夫의 賤行也ㅣ로ᄃᆡ 而雍樂이 成以饒ᄒᆞ고 販脂ᄂᆞᆫ 辱處也ㅣ로ᄃᆡ 而雍伯이 千金이오 賣漿은 小業也ㅣ로ᄃᆡ 而張氏ㅣ 千萬이오 洒削은 薄技也ㅣ로ᄃᆡ 而郅氏ㅣ 鼎食ᄒᆞ고 胃脯ᄂᆞᆫ 簡微耳로ᄃᆡ 濁氏ㅣ 連騎ᄒᆞ고 馬醫ᄂᆞᆫ 淺方이로ᄃᆡ 張里ㅣ 擊鍾ᄒᆞ니 此皆誠壹之所致라 由是觀之컨ᄃᆡ 富無經業則貨無常主ㅣ니 能者輻湊ㅣ오 不肖者ㅣ 瓦解ㅣ니 千金之家ᄂᆞᆫ 比一都之君이오 巨萬者ᄂᆞᆫ 乃與王者同樂이니 豈所謂素封者邪아 非也아

經筵懸吐史記五選 終

經筵懸吐 史記五選 全

重版 印刷● 2001年 2月 5日
重版 發行● 2001年 2月 10日

校 閱● 金 赫 濟
發行者● 金 東 求
發行處● 明 文 堂
서울특별시 종로구 안국동 17~8
대체 010041-31-001194
전화 (영) 733-3039, 734-4798
(편) 733-4748
FAX 734-9209
등록 1977. 11. 19. 제1~148호

● 낙장 및 파본은 교환해 드립니다.

값 5,000원
ISBN 89-7270-650-7 93910